21세기 기술 사업화

21세기
기술
사업화

초판 1쇄 인쇄일 2014년 8월 14일
초판 1쇄 발행일 2014년 8월 23일

지은이 이정구
펴낸이 양옥매
디자인 최원용
교　정 김인혜

펴낸곳 도서출판 책과나무
출판등록 제2012-000376
주소 서울특별시 마포구 월드컵북로 44길 37 천지빌딩 3층
대표전화 02.372.1537　**팩스** 02.372.1538
이메일 booknamu2007@naver.com
홈페이지 www.booknamu.com
ISBN 979-11-85609-60-7(03320)

이 도서의 국립중앙도서관 출판시도서목록(CIP)은 서지정보유통지원 시스템
홈페이지(http://seoji.nl.go.kr)와 국가자료공동목록시스템
(http://www.nl.go.kr/kolisnet)에서 이용하실 수 있습니다.
(CIP제어번호 : CIP2014022922)

21세기 기술 사업화

TECHNOLOGY
COMMERCIALIZATION

이창구 지음

책과나무

기술 사업화

이 책은 책 제목에서 "사업화"라는 단어가 암시하듯 기술만 연구하던 연구원이 '기술을 사업화하기 위하여 무엇을 해야 하는가'라는 관점으로 기존의 이론 등을 공부하고 고민한 것이다.

최근에 '창조 경제'라는 단어가 정부 중심으로 떠오르면서 벤처, 기술 이전, 클러스터, 오픈 이노베이션, 기술 경영, MOT, 기술 사업화 등 경제를 살릴 수 있는 많은 키워드들이 새롭게 대두되고 있다.

2013년부터 기술 사업화 업무를 수행하면서, 2014 기술 사업화 최우수 기관으로 선정되는 기쁨도 누렸으나, 기술 사업화 이론과 실무를 아우르는 책을 찾기 힘들었고, 기술 사업화 관련 분야 종사자들이 모두 한 몸이 되어 같은 방향으로 나갈 수 있도록 도와주는 기술 사업화 책을 직접 써 보고 싶었다.

지금 너무 많은 사람들이 기술 사업화라는 분야를 너무나 세분화하고, 서로 다른 각도에서 다른 방향으로 추진하고 있는 실정이다. 국가적인 차원에서 모두가 한 몸이 되어 큰 그림을 먼저 그리고 추진방향을 수립해서 한 걸음 한 걸음 나아가야 하는 실정이다.

이 책에서는 기술 이전 사업화에 대한 정의, 관련 법률, 지원 기관, 기술 사업화 실태 정책과 설문 조사 결과 등을 통해 기술 사업화의 궁극적인 목표를 같이 고민해 보고자 했다.

기술 사업화에 종사하는 많은 훌륭한 분들이 좋은 성과를 거두기 바라며, 특히 이 책이 그분들에게 조금이나마 도움을 주었으면 한다.

끝으로 이렇게 책을 쓸 수 있도록 나에게 힘을 준 사랑하는 나의 가족들, 사랑하는 아내 유재현에게, 큰아들 이남기에게, 막내아들 이남용에게 나의 부족함과 미안함과 사랑을 담아 표현한다.

2014. 8월
이정구

들어가면서

2013년 출범한 박근혜 정부는『창조 경제』를 정책 운영의 핵심 키워드로 제시하고, 국가적인 차원에서 적극 추진 중이다. 창조 경제란 영국의 경영 전략가 존 호킨스가 2001년 주창한 개념으로 그에 의하면 혁신이란 '창조성'과 '실천력' 두 요소로 구성되는데, 이 가운데 창조성이 더욱 중요해지는 경제 체제가 창조 경제이다. 현재까지의 세계 경제는 생산의 효율성과 산업의 집중도가 증가하는 방향으로 성장하였으나, 체제의 성숙에 따라 경제 성장률이 둔화되면서 새로운 성장의 원천 확보를 위한 창조성이 중요해지고 있다. 특히 우리나라의 경우, 그동안 미국, 유럽, 일본 등 선진국들이 구현한 제품과 시장을 활용하는 실천력에 의존하여 성장하여 왔다. 그러나 더 이상 선진국에 의존할 수 없는 현 상황에서 새로운 제품과 시장을 창출할 수 있는 창조성이 더욱 중요한 요소로 부상하고 있다. 이에 따라 현재까지의 '실천력' 중심의 체제에서 '창조성'이 강조되는 체제로 전환하자는 것이 현 정부 '창조 경제론'의 핵심이라고 할 수 있다.[1]

'창조성에 기반한 미래 성장 산업의 발굴'이라는 목표만을 볼 때, 현 정부의 창조 경제론은 신성장 동력과 같은 이전 정부의 국정 목표와 유사하다고 할 수도 있다. 그러나 창조 경제론은 과학 기술 혁신에 기반한 신성장 동력의 확보는 물론, 기존 산업의 경쟁력 강화를 동시에 추구한다는 점에서 이전 정부와 크게 차별화된다. 최근 정부

---

1) 안영수, 김창모, 정경진, 김정호, 지일용, "창조 경제 시대의 민군 기술 융합 촉진을 위한 제도 개선 방안", 산업연구원, 2013. 12., (52~54page)

는 "창조 경제 실현 계획(안)을 통해 창조 경제의 개념이 국민의 상상력과 창의성을 과학 기술과 ICT에 접목하여 새로운 산업과 시장을 창출하고, 기존 산업을 강화함으로서 좋은 일자리를 만드는 새로운 경제 전략"임을 밝혔다.

신성장 동력 확보를 위해서 '창조적 파괴(Creative Destruction)'를 통해 기존 산업과는 근본적으로 차별화되는 혁신적인 기술·제품의 개발이 필수적이다. 이와 동시에 혁신적 기술·제품에 대한 집중 투자로 인해 발생되는 위험을 감당하기 위해서는 기존 산업의 경쟁력 강화 역시 중요한 요소이다. 즉, 미래 성장 산업 확보와 기존 산업의 경쟁력 강화를 동시에 추구하는 '양손잡이 전략(Ambidextrous Strategy)'이 필요하다는 뜻이다.

[그림 1-1] 창조 경제 생태계 조성 방안 2)

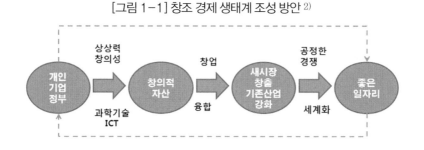

---

2) 관계 부서 합동, "창조 경제 실현 계획(안)−창조 경제 생태계 조성 방안", 2013. 6. 4.

이러한 창조 경제 실현을 위해서는 융합형 산업 경제 체제의 도입이 필수적이다. 창의적 혁신을 위한 체제와 산업 경쟁력 강화를 위한 체제는 서로 상이한 특성을 보인다. 전자는 기술적 기회성과 제품 혁신을 통한 참신성이 강조되는 반면, 후자는 기술 역량의 축적성과 공정 혁신을 통한 경제적 효율성이 강조된다. 이러한 상이한 두 체제는 산업의 성숙 단계에 따라 각각 장·단점을 내포하고 있으며, 동일한 시기·장소에 공존하기 어렵다는 것이 일반적인 이해이다. 따라서 창의적 혁신과 산업 경쟁력 강화를 동시에 추구하기 위해서는 이질적인 두 체제의 확립과 융합이 중요한 이슈로 다루어져야 할 것이다.

혁신과 융합이 이슈로 떠오르는 지식 기반 경제 시대를 맞아 글로벌 경쟁력 강화를 위한 국가 간 경쟁이 치열해지고, 국가 혁신 체제를 강화하기 위한 노력이 가속화되고 있다. 또한, 기술 혁신 패러다임이 개방형 혁신 체제로 전환되고 있는 가운데, 공공 영역 연구 성과를 기술 사업화하여 새로운 가치 창출 및 경제 성장, 고용 창출에 기여하고자 하는 창조 경제가 부상하는 것이다.

정부는 R&D에 대한 재정 투자 증대, 개방과 협력의 혁신 환경 조성, 그리고 공공 영역에서 창출된 연구 성과가 기술 사업화로 연계될 수 있도록 기반을 구축하고 있다. 실제로 2000년 1월 「기술 이전 촉진법」을 제정한 이래 기술 거래 활성화를 위한 기반 구축 및 대학과 정부 출연에 기술 이전 전담 조직(TLO)을 설치하는 등 많은 노력을 기울이고 있다. 또한, 최근에는 기술 지주 회사, 산학연 공동 연

구 법인 설립 지원, 그리고 산학연 일체화 전략을 마련하는 등 개방
적 협력 및 기술 사업화 촉진을 위해 노력하고 있다.[3]

기술 이전(Technology Transfer)은 기술이나 기술 관련 지식(노하우 등)이
행위 주체(개인, 조직, 기관 등) 간 이동하는 것을 의미하며, 이전 대상의
지식이나 전문성을 제고하고 역량 강화를 목적으로 한다. 기술 이전
에는 특정 기술이나 아이디어가 협약이나 협력 사업 등과 같은 가시
적인 경로를 통해 이전되는 직접적 기술 이전(Direct Technology Transfer),
그리고 비공식적 만남, 출판, 워크숍 등을 통한 간접적 기술 이전
(Indirect Technology Transfer) 방식이 있다. 일반적으로 직접적인 기술 이
전이 주요 논의 대상이 되지만, 실제로 직접적인 방식과 간접적인 방
식이 혼합되어 기술 이전이 이루어지기 때문에, 간접적 기술 이전까
지 효율적으로 이루어질 수 있는 제도적 기반 형성 역시 중요하다.

[그림 1-2] 기술 사업화 과정

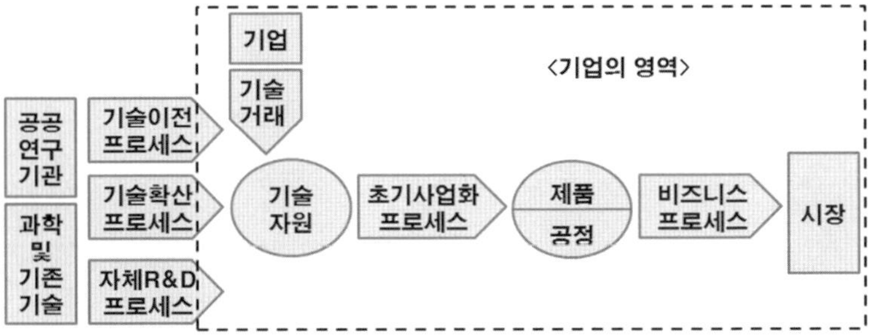

---

3) 이길우, "국가 연구 개발 사업 기술 이전 · 사업화 제고 방안 연구", 한국과학기술기획평
   가원, 2013. 1.(1~3page)

기술 사업화는 "기업이 내외 기술 공급원에서 개발된 연구 기술을 활용하여 제품/서비스를 생산하고, 생산된 제품/서비스가 시장에서 판매되어 수익을 창출함으로써 기업이 성장하는 프로세스"라고 정의할 수 있다. 즉 기술 사업화는 제품 및 공정 개발에 적용 가능한 기술이 개발·완료되어 출시 제품이 제작·완료되기까지를 의미한다.[4]

기술 사업화 단계는 응용·개발 단계와 마케팅/경영 단계의 중간 단계로 시제품을 제작하여 시장에 시범적으로 출하하는 과정 단계라고 할 수 있다.

[그림 1-3] 기술 사업화 과정

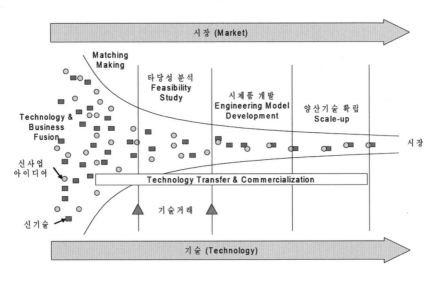

---

4) 배용규, "국가 R&D와 기술 및 사업화에 관한 연구", 대전대학교 대학원 박사학위논문, 2013. 2.(5~7page)

21세기 기술 사업화

기술 사업화를 성공시키기 위해서는 응용·개발 연구뿐만 아니라 대학 등에서 수행되는 기초 연구 성과 관리·활용·확산 체계도 매우 중요하다. 일반적으로 기초 연구 성과에 대한 후속 연구 지원 체계가 미흡하여 성과 활용이 저조하고, 개발 기간이 장기화되는 등 적시에 사회·경제적인 가치 창출로 연결되지 못하는 경우가 많다. 기술 사업화는 우수한 기초 기술이 있어도 3번의 죽음의 계곡(Death Valley)을 세 번 성공적으로 넘어가야만 사업이 성공할 수 있다. 3번의 죽음의 계곡이란 아래와 같다.

[제1 계곡] : 우수 기초 연구 성과가 응용 연구를 위한 자금을 지원 받지 못해 가치 있는 기술로 발전에 실패

[제2 계곡] : 기술적 구현 가능성을 검증할 원형 모델(Working Model)이 개발되었으나 사업화 자금 및 사업화 역량이 부족하여 시제품(Production Model) 개발에 실패

[제3 계곡] : 우수한 시제품이 개발되었다고 하더라도 신기술 제품 시장의 미성숙, 마케팅 역량 부족, 시설 운영 자금 부족 등이 수반되어 비즈니스 개발에 실패

기초 연구 결과가 응용 연구나 사업화에 이르는 차이를 해소하는 것은 넓은 의미의 기술 사업화 측면 문제이며, 국가 차원에서도 범부처 연계 사업 등의 추진을 통해 이 문제를 해소하려 노력 중이다. 따라서 기술 이전을 "기술이나 기술 관련 지식(노하우 등)이 행위 주체(개인, 조직, 기관 등) 간 이동하는 것"이라 할 때, 국가 연구 개발 사업을

통해 생성된 지식이나 기술 등의 이전 · 활용 · 확산이 활성화되지 못하고 있는 현 상황에서, 우리나라뿐 아니라 해외 주요 국가에서도 연구 개발 관련 현안 사항인 기술 사업화 문제점 해소가 절실히 요구되고 있다.

[그림 1-4] 악마의 강 죽음의 계곡 다윈의 바다 5)

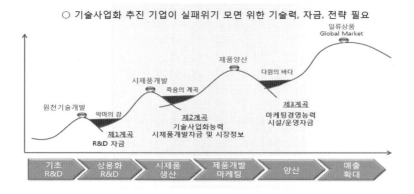

우리나라 기술 사업화 촉진 관련 정책은 2000년 1월 「기술 이전 촉진법」 제정 후, 4차례의 '기술 이전 및 사업화 촉진 계획' 수립을 통해 다양한 지원책을 마련하였다. 그러나 기술 사업화 촉진 계획 성과는 아직 미흡하다. 제1 차 계획에서 도입된 기술 거래 시장은 활용도가 낮고, 제2 차 계획에서 도입된 기술 평가 시스템 역시 시장 신뢰를 확보하지 못하였으며, 공공 기술 사업화 촉진 기반 또한 미약한 수준이다. 제3 차 기술 이전 및 사업화 촉진 계획(2009~2011)은 기업 중심

---

5) 김길해, 기술 이전 실무 사례 소개, 2013. 4. 25.

　　　　　　　　　　　　　　　21세기 기술 사업화

으로 수립되었지만 기업의 기술 사업화 활동을 충분히 활성화시키지 못하였다. 제4 차 계획은 이러한 문제점을 보완하고 융·복합 및 개방형 혁신 시대를 대응하기 위한 기술과 시장의 선순환 생태계 조성에 초점을 맞추었다. 그러나 공공 연구 기관의 기술 이전과 사업화 역량 강화 측면에서는 여전히 미흡한 실정이다.

공공 연구 기관의 대표적인 사업화 촉진 메커니즘인 TLO(Technology Licensing Office)와 관련된 정책은 지난 10년간 TLO의 기술 이전 역량을 인위적으로 부양하여 정부 지원이 중단된다면 조직 기반 자체가 붕괴될 수도 있는 위험을 내포하고 있다. 또한, 현재 TLO 지원 체계는 기술 이전 실적과 역량 측면에서 양극화를 초래하였고, 향후 재정 의존도 심화가 예상되어 재정 자립화 및 정부 육성 체계 등에 대한 개선이 요구되고 있다.

따라서 기술 사업화에 관한 체계적인 연구를 위하여, 기술, 기술 사업화에 대한 정의에서 시작하여, 국가 연구 개발 사업의 기술 사업화 활성화를 위한 기술 사업화 지원 정책, 외국의 기술 사업화 추진 현황 그리고 기술 사업화 실태에 대한 설문 조사 결과들에 대해서 살펴보고자 한다.

참고 문헌

1. 김길해, 기술 이전 실무 사례 소개, 2013. 4. 25.

2. 김선주, "공공 연구 기관의 기술 이전 사업화 영향 요인에 관한 연구 : 전자 부품 산업을 중심으로", 한양대학교 기술경영전문대학원 석사학위논문, 2013. 2.

3. 김혜민, "기술 이전 사업화 정책 방향의 변화 예측에 관한 연구", 서울대학교 대학원 석사학위논문, 2012. 8.

4. 시창수, "중소기업의 기술 사업화 역량이 경영 성과에 미치는 영향", 가천대학교 경영대학원 석사학위논문, 2011. 12.

5. 안영수, 김찬모, 정경진, 김정호, 지일용, "창조 경제 시대의 민군 기술 융합 촉진을 위한 제도 개선 방안", 산업연구원, 2013. 12.

6. 이길우, "국가 연구 개발 사업 기술 이전ㆍ사업화 제고 방안 연구", 한국과학기술기획평가원, 2013. 1.

7. 임채윤, 이윤준, "기술 이전 성공 요인 분석을 통한 기술 사업화 활성화 방안", 과학기술정책연구원, 2007. 11.

8. 관계 부서 합동, "창조 경제 실현 계획(안)−창조 경제 생태계 조성 방안", 2013. 6. 4.

9. 배용규, "국가 R&D와 기술 및 사업화에 관한 연구", 대전대학교 대학원 박사학위논문, 2013. 2.

II

기술 이전

1. 기술의 정의

기술 이전를 정의히기 위헤서는 먼저 그 대상이 되는 '기술'의 개념을 정의할 필요가 있는데 '기술'의 개념은 논의되는 관점에 따라 다양한 형태로 정의할 수 있다. 오늘날 '기술'이라는 단어가 너무나 광범위하게 사용되고 있기 때문에 그 정의 또한 매우 다양하다. 일반적으로 기술의 개념은 제품의 창출이나 서비스의 제공에 활용되는 지식, 제품, 프로세스, 도구, 방법, 시스템들을 모두 총칭하는 것으로 정의할 수 있다, 여기서 기술이 제품의 창출이나 서비스의 제공에 활용된다는 것은 지식의 실제적인 활용을 의미하는 것이다. 지식과 기술은 이용 가능성의 측면에서 그 개념을 구분할 수 있으며, 지식은 정보 그 자체를 의미하는 것이 아니라 정보로서 가공할 수 있다는 것을 의미한다. 즉, 기술은 가공된 정보로써 지식의 집합체로 볼 수 있다. 따라서 기술은 실제적인 문제의 해결인 제품 및 공정의 개발에 활용되어지는 자연 과학적, 기술적 관계에 관한 지식으로 이해되고 있다. 따라서 기술은 자연 과학적 순수 설명 지식으로 인지 지식 및 구체적인 활용 지식, 능력 지식으로 파악된다.[6]

기술은 제품 및 서비스, 공정의 개발 등에 이용될 수 있는 특성을

---

6) 이기영, "대학의 지적 재산권 기술 이전 활성화 방안", 경북대학교 대학원 석사학위논문, 2013. 6.(3~7page)

21세기 기술 사업화

가지고 있어 기업에 있어서는 경쟁 환경에 영향을 미치는 중요한 요인이 된다. 따라서 기술을 효과적으로 개발하고, 이용하는 것은 기업의 생존과 지속적인 성장에 직접적인 영향을 주는 것으로 이해할 수 있다. 그러나 기술은 시간에 의해 변화하는 동적인 속성을 가지고 있어서 경쟁 환경의 변화를 야기하는 특성을 가지고 있다. 기술의 변화 양상은 산업 구조의 개편 및 경쟁 위치를 변화시킬 수 있고, 경쟁 우위의 창출에 지대한 영향을 미칠 수 있기 때문에 기업은 기술에 대하여 보다 신중하게 관리해야 한다.

기술을 활용하는 주체는 기업이기 때문에, 기술이란 "기업이 기업 활동을 영위하고 가치를 생성하며, 경쟁 우위를 확보하기 위하여 지속적으로 추구하는 수단"이라고 정의할 수 있다. 따라서 이러한 주요 수단인 기술을 확보하기 위하여 외부적으로 개발 혹은 획득할 수 있는 방법 중의 하나인 기술 이전, 기술 사업화에 중점적으로 접근하기로 한다. 즉, 기업이 경쟁 우위를 확보하기 위해 필요한 기술을 확보하기 위한 방법의 하나인 기술 이전, 기술 사업화의 관점에서, 기술에 대한 개념을 고려해 보기로 한다. 따라서 이전 대상으로서의 기술에 대한 개념을 생각해 볼 필요가 있다.

2000년 제정된 「기술 이전 촉진법」에 따르면 기술 이전에서 기술이라 함은 "특허법 등 관련 법률에 의하여 등록된 특허, 실용신안, 디자인, 반도체 배치 설계, 기술이 집적된 자본재, 소프트웨어 등 지적 재산인 기술 및 디자인, 기술정보 등 기타의 기술"이라고 정의하고 있다. 이와 같이 「기술 이전 촉진법」에서는 기술 이전에서 기술의 개념을 유·무형의 모든 기술뿐만 아니라 지적 재산까지 포함하는 매우 포괄적인 개념으로 간주하고 있다. 한편, 실무적인 기술 이전 계약의 내용에 포함되어 있는 거래 대상으로서의 기술에 대한 정의로 이영덕(2005)[7]은 다음과 같이 정의하고 있다.

〈표 2-1〉 거래 대상 기술의 개념

기준	형태
실무 계약	지적 재산권을 포함한 기술, 전문 인력 및 교육 훈련 프로그램, 기술 체화 상품 및 부품
전문 인력에 대한 명세	전문 연구 인력, 기술 인력, 숙련 기능 인력(H/W, S/W)
교육 훈련 프로그램 (ETP)	기술자, 기술 혁신 관리자, 감독자, 관련 지방 및 중앙정부 관리를 위한 교육 훈련 프로그램(현장, 대학, 직업학교, 연구소)
기술 체화 상품의 명세	완제품, 부품 및 중간재, 완제품 관련 패키지 부품, 스펙 코드, 설비 및 원자재, 컨설팅 매뉴얼, 출판물(특허 문서, 실험 자료, 명세 문서, 지도, 학문적 결과)
기술 수명 주기	시작품 생산 기술, 성장 및 안정화 기술, 쇠퇴 기술
지적 재산권	특허의 실시권, 공업 소유권, 상표 사용권, 노하우 사용권
거래 대상 기술의 명세	기술 정보 및 문서, 제품 제조의 전 공정, 품질 보증, 특정 공장 및 설비의 건설, 시험 조사, 기업 관리 노하우, 디자인, 컨설팅, 경영, 감독, 조사 및 구매 서비스

---

7) 이영덕, "신기술 사업화의 이해", 도서출판 두남, 2005.

21세기 기술 사업화

먼저 실무적인 기술 이전 계약의 내용에 포함되어 있는 거래 대상으로서의 기술에 대한 개념은 상당히 포괄적임을 주장하고 있다. 즉, 지적 재산권 및 노하우 등을 포함한 협의의 기술, 이전 기술과 관련된 인력, 교육 훈련 및 연수 프로그램, 실제적인 기술 이전 과정에서 필요한 기술 체화 상품, 부품 및 반제품 등 넓은 범위에서 기술에 대한 개념을 〈표 2-1〉에서와 같이 정의하고 있다.

〈표 2-2〉 기술의 분류

기술의 분류	특 징
신기술 (New Technology)	- 새롭게 도입 혹은 활용된 기술 - 생산성 향상 및 기업 경쟁력 향상에 상당한 영향을 미침
신흥 기술 (Emerging Technology)	- 현재 상업화되지는 않았지만 짧은 기간 (5년) 내에 상업화될 수 있는 기술 - 기존 산업에 상당한 변화를 초래함
고급 기술 (High Technology)	- 진보되고, 정교한 기술 - 고유한 특성을 가지고 다양한 산업에서 활용됨
저급 기술 (Low Technology)	- 이미 다양한 분야에 침투되어 있는 기술
중급 기술 (Medium Technology)	- 기술 이전이 쉬운 성숙한 기술
적정 기술 (Appropriate Technology)	- 활용되는 기술과 최적 활용에 필요한 자원이 조화
묵시적 기술 (Tacit Technology)	- 표현하기가 어려운 지식 - 개인의 경험 혹은 마음에 존재함

명시적 기술 (Codified Technology)	– 문서화되어 정형화된 기술 – 이전이 용이하며 이전에 소요되는 비용과 시간이 적음
기반 기술 (Base Technology)	– 사업에 있어서 필수적임 – 경쟁 업체에 의해 널리 확산됨 – 적은 경쟁적 영향력을 가짐
핵심 기술 (Key Technology)	– 제품과 프로세스에 잘 반영됨 – 높은 경쟁적 영향력을 가짐
선도 기술 (Pacing Technology)	– 몇몇 경쟁 업체에 의해 실험 중인 기술 – 높은 경쟁적 영향력을 가질 수 있음

기술에 대한 분류는 기술의 시장 및 경쟁 환경으로의 시기 및 복잡성, 문서화에 따라 위의 〈표 2-2〉에서와 같이 정리하여 분류할 수 있다. 상기와 같은 특징을 고려하여 기술을 분류할 수 있다는 것은 기업이 그 특징에 따라 기술을 관리하는 데 있어 효과적이고, 전략적으로 접근해야 한다는 것을 의미한다.

21세기 기술 사업화

2. 기술 이전의 정의

기술 이전(Technology Transfer)에 대한 정의가 여러 사람에 의해 제시되어져 왔고 학문 분야에 따라 또는 학문 목적에 따라 약간씩 다르게 정의되고 있다. 대표적인 기술 이전에 대한 정의를 살펴보면 다음과 같다.[8]

Souder 등(1990)은 기술 이전을 "특정 조직이 보유하고 있는 기술을 또 다른 조직에 적용하기 위해서 기술에 대한 통제권을 조직 간에 체계적으로 넘겨주기 위한 사람과 사람 간의 접촉이 전제되는 관리 과정"이라고 정의하고 있다.

Winebrake(1992)는 기술 이전을 "특정 기관에서 특정 목적으로 개발된 특정 분야의 기술, 지식 또는 정보가 다른 조직의 다른 분야에 다른 목적으로 적용되는 응용되는 과정"으로 정의하고 있다.

Roessner(2000)는 기술 이전이란 "어느 한 기관으로부터 다른 기관으로의 노하우, 지식, 기술이 전해져 가는 것"이라고 정의하였다. 전체적으로 민간 기업, 정부 기관, 대학 등이 기술의 제공자의 역할을

---

8) 임채윤, 이윤준, "기술 이전 성공 요인 분석을 통한 기술 사업화 활성화 방안", 과학기술정책연구원, 2007.11.(23~25page)

수행하고 학교, 소기업, 소도시 등이 기술의 수혜자의 영역에 속한다고 하였다. 그리고 기술 이전이 조직 내에서 이루어지는 큰 기업의 경우에 있어서의 기술 이전이란 연구와 관련된 부서에서 생산과 관련된 부서로의 아이디어, 개념의 이동을 가리켜서 기술 이전이라고 하였다.

한편, Friedman and Silberman(2003)은 특히 공공 연구 기관에 초점을 맞추어 〈그림 2-1〉과 같이 기술 이전 과정을 정의하였는데, "공공 연구 기관의 발명이나 지적 재산이 기업과 같은 영리 단체에 라이센스 혹은 양도되어 상업화되는 과정"을 공공 연구 기관의 기술 이전이라고 정의하였다.

이러한 기존의 기술 이전에 대한 정의를 학문 분야에 따라 정리해 보면, 경제학자들은 기술 이전을 생산과 생산 메커니즘에 관계되는 변수들과 지식의 특성에 초점을 맞추고 있다. 또한, 기술 이전과 기술 확산이라는 용어를 혼용하고 있으며, 기술 파생(Technology Spin-Offs), 기술 전파(Technology Spillover), 기술 제휴 (Technology Fusion) 등 다양한 용어를 사용하고 있다는 것을 알 수 있다. 반면, 인류학자들은 기술 이전을 문화 변화의 맥락에서 분석하기 때문에 '기술 이전'이라는 용어보다는 '기술 확산(Technology Diffusion)'이나 '기술 채택(Technology Adoption)'이라는 용어를 사용하고 있다.

경영학자들의 경우에는 조직 이론의 관점에서 기술 이전과 전략을 연결시키는 데 주안점을 두고 있다. 최근의 관련 연구들은 기업들 간의 연합에 관심을 보이면서 이러한 연합이 기술 개발이나 기술 이전에 어떠한 영향을 미치는지 살펴보고 있다. 따라서 기술경영 학자들은 기술 사업화(Technology Commercialization)에 관심이 있다고 볼 수 있다. 한편, 정책학자들은 기술 이전을 촉진하기 위한 정부의 정책 수단의 효율성, 형평성, 특허 정책과 기술 이전 간의 관계, 관료주의와 기술 이전 성과 간의 관계 등의 측면에서 연구를 수행하고 있다.

[그림 2-1] 기술 이전 과정

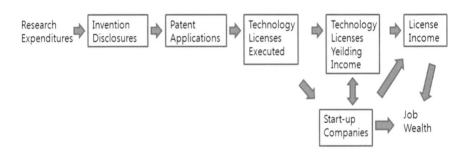

우리나라의 경우도 외국의 경우와 같이 기술 이전에 대한 다양한 정의가 이루어지고 있는데 대표적으로 기술 이전 활성화를 위하여 2000년에 제정된 「기술 이전 촉진법」(2000)에서는 기술 이전을 "특허법 등 관련 법률에 의하여 등록된 특허, 실용신안, 의상, 반도체 배치설계, 기술이 집적된 자본재·소프트웨어 등의 지적 재산인 기술 및 디자인·기술 정보 등이 양도·실시권 허여·기술 지도 등의 방법을 통하여 기술 보유자(당해 기술을 처분할 권한이 있는 사람을 포함한다)로

부터 그 외의 사람에게 이전되는 것"으로 정의하고 있다.

결국, 협의의 기술 이전이란 어떤 집단이나 제도에 의해 발전된 체계적이고, 생산적인 기술 관련 지식이 다른 집단이나 제도에 이전되는 것으로 정의할 수 있으며, 또한, 광의의 기술 이전은 기술 이전의 과정을 거쳐 제품 개발 및 생산까지 포괄하는 기술 사업화 혹은 실용화(Technology Commercialization)의 개념과 동일시될 수도 있다. 기술 사업화의 개념도 실용화(주로 과학기술부 사용), 사업화(주로 산업자원부 사용), 기업화(주로 기업에서 사용) 등으로 다양하게 사용되어지고 있다. 따라서 기술 이전은 "기업의 경쟁력을 보유하고 유지하기 위한 수단" 그리고 "기술 개발에 협력하는 기업들에게 재무적 또는 기타의 이익을 가져다 주는 수단"으로 부상되고 있다.

기술 수요자(예: 기술이 필요한 현대자동차 등 기업체) 관점에서 기술 이전은 외부에서 만들어진 기술 및 지식 요소를 받아들여 자체 기업 기술로 만들어 나가는 과정으로 기술 도입, 기술 구매 등을 의미하기도 한다. 외부로부터의 기술 도입은 기업이 필요로 하는 기술 및 지식의 선택을 통해 단기간에 적은 비용으로 기술 능력을 향상시킬 수 있는 이점 때문에 기업의 기술 획득 방식에 있어서 자체 연구 개발 활동과 더불어 매우 중요한 비중을 차지하고 있다. 또한, 기술 공급자(예: 기술을 보유하고 있는 ETRI 등 연구 기관) 관점에서 기술 이전은 연구 개발 투자비와 이에 수반하는 기회 수익을 금전적으로 회수하여 신규 투자 재원으로 재활용할 수 있는 장점이 있다.

3. 기술 이전 거래 방식의
   유형 및 분류

　유형에 따라 기술 이전을 분류하는 연구들이 활발히 이루어졌다. 예를 들면, Brooks(1967)는 기술 이전을 과학과 기술이 인간의 활동을 통하여 확산되어 가는 과정으로서 '수직적 이전'과 '수평적 이전'으로 구분했다. 수직적 이전이라 함은 과학 기술이 점차 실질적인 기술의 형태로 응용되는 것을 말하고, 수평적 이전은 한 집단에서 다른 집단으로 기술이 옮겨 가는 것을 의미한다.[9]

　또한, Hayami and Ruttan(1971)은 체화되는 기술의 유형에 따라서 원자재 기술 이전, 생산 능력 기술 이전, 설계 기술 이전, 연구 개발 역량 기술 이전 등으로 분류하였다.

　Mercy(1979)는 기술 이전의 과정이 공식적인지 비공식적인지에 따라 구분하였다. 공식적 기술 이전은 상호 계약에 의한 기술 도입을 말하고, 비공식적 기술 이전은 모방을 통한 기술 도입을 말한다. Zhao and Reisman(1992)은 기술 이전에 대한 연구가 인류학, 사회학, 경제학, 경영학 분야에서 이루어지고 있다고 보고, 이들 분야에서의 기술 이전에 대한 연구의 특성, 기술 이전에 대한 관점의 차이, 기술

---

9) 임채윤, 이윤준. 전게서, (26~28page)

이전의 정의의 차이 등을 체계적으로 정리하였다.

　기술을 가지고 있는 기관의 기술 이전 활동 또는 기술을 필요로 하는 기관의 기술 획득 활동은 권리 양도(Assignment)에서부터 기술을 가지고 있는 기업의 인수·합병(M&A)에 이르기까지 다양한 방법을 통해 이루어질 수 있으며 이러한 모든 방법들은 기술 이전, 거래 방법에 포함될 수 있다. Megantz(1996)는 라이센싱을 가장 효율적인 기술 이전 방식으로 정의하고, 지적 재산권을 보유한 기관이 이를 사업화하기 위해 라이센싱의 대안으로 사용할 수 있는 방법으로 지적 재산권의 판매, 전략적 제휴, 합작 투자, 벤처 설립, 기업 매수 등을 들고 있다. 이와 같은 분류는 대상 기술의 종류나 소유권의 범위 등과 같은 내용보다는 기술 획득의 원천, 이전을 통한 사업화 방법의 형태적 차이점을 중심으로 분류한 것으로 사업화에 따른 기대 수익과 위험 등을 비교하는 데 있어 유용한 방법이라고 할 수 있다.

　위 내용을 포함한 대표적인 기술 이전 방식을 살펴보면 〈표 2-3〉과 같다. 이들 기술 이전 방식 분류의 공통점을 찾아내고 최근의 분류경향을 살펴보면 일반적으로 기술 이전 방식은 기술 양도(Assignment), 공동 연구(Cooperative Research), 라이센싱(Licensing), 분사(Spin-Off), 합작 벤처(Joint Venture), 인수 합병(M&A)의 6가지 방법으로 구분할 수 있다.

　6가지 방법 중 대학을 포함한 공공 연구 기관에서 기업으로 이전하는 기술 이전 방식은 라이센싱, 계약 연구를 포함한 협동 연구, 분사 등을 통한 창업 기업 설립의 세 가지 방식이라고 할 수 있다. 이와 같이 공공 부문의 기술 이전을 라이센싱, 협동 연구, 창업 기업 설립의 세 가지로 분류할 수 있는 근거는 다양한 연구 결과들로부터 확인할 수 있는데 대표적인 관련 연구들을 살펴보면, Sandelin(1994)은 그의 연구에서 특허 출원과 라이센싱이 대학으로부터의 기술 이전의 유용한 성과 지표임을 주장함으로써 라이센싱이 대학의 주요한 기술 이전 방식임을 보여 주고 있다.

또한, Geisler and Clements(1995)은 그들의 연구에서 미 연방 공공 연구소의 기술 이전 활동 성과를 협동 연구와 기업으로부터의 계약 연구의 수, 기업과의 라이센싱 계약 건수로 측정하였는데, 이를 통하여 라이센싱뿐만 아니라 기업과의 계약 연구나 협동 연구가 공공 연구 기관의 주요한 기술 이전 방식임을 알 수 있다.

마지막으로 Rogers Et Al.(2000)의 연구에 의하면 그들은 대학으로부터 창업되는 창업 기업의 수를 대학 기술 이전 성과의 새로운 성과 지표로 추가되어져야 한다고 주장하고 있다. 창업 기업 설립이 대학의 또 다른 기술 이전 방식임을 주장하는 이유는, 대학들이 벤처캐피탈의 지원을 받아 분사하는 창업 기업 설립을 초기 단계 기술을 상업화하기에 적당한 방식이라 인식하고 있으며, 또한 연구기관의 이익 극대화를 달성할 수 있는 또 다른 방식으로 관심을 갖기 시작했기 때문이다.

〈표 2-3〉 연구자별 기술 이전 방식 분류

연구자	기술 이전 방식
미국 기술 이전 협회산하 가치 평가 측정 그룹	조직간 교환(Collegial Interchange) 공동 연구 개발(Cooperative R&D) 교류 프로그램(Exchange Programs) 라이센싱(Licensing) 상환 작업(Reimbursable Work) 기술 지원(Technical Assistance) 시설 이용(Use Of Facilities) 기준 설정(Standards-Setting) 조달 계약(Procurement Contracts) 공동 연구 협정(Cooperative Research Agreements)
Roessner(1994)	계약 연구(Contract Research) 공동 연구(Cooperative Research) 워크샵/세미나(Workshops/Seminars) 라이센싱(Licensing) 후원 연구(Sponsored Research) 기술 자문(Technical Consultation) 인력 교류(Employee Exchanges) 시설 이용(Use Of Facilities) 개인 연구실 방문(Individual Lab Visits)
Major(1988)	계약 연구(Contract Research) 연구 협동(Research Collaboration) 합작 벤처(Joint Venture) 생산(Manufacturing) 공급(Supply) 분배(Distribution) 프랜차이즈 협정(Franchise Agreements) 라이센싱(Licensing)

연구자	기술 이전 방식
Megantz(1996)	라이센싱(Licensing) 신규 벤처(New Venture) 인수 합병(Merge & Acquisitions, M&A) 합작 벤처(Joint Venture) 전략적 연합(Strategic Alliance) 기술 양도(Technology Assignment)

4. 기술 이전 방식의 유형별 특성

앞서 언급한 6가지 기술 이전 방식을 비교하면 〈그림 2-2〉와 같다. 기술 이전 방식에 따른 위험(Risk)의 정도에 따라 기술 양도(Assignment)가 가장 위험이 낮고, 공동 연구(Cooperative Research), 라이센싱(Licensing), 합작 벤처(Joint Venture), 인수 합병(M&A)의 순으로 위험도가 증가하며, 기업 설립을 통해 기술을 직접 사업화하는 분사(Spin-Off) 방식이 가장 위험도가 높다. 반대로 기술 이전 성공을 통한 즉, 성공적 상업화를 통한 수익(Reward)은 위험도가 높을수록 높다고 볼 수 있다.[10]

[그림 2-2] 기술 이전 방식에 따른 위험

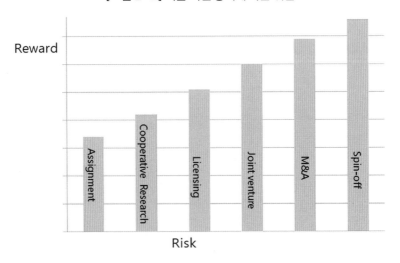

10) 임채윤, 이윤준. 전게서, (29~35page)

21세기 기술 사업화

이와 같은 비교를 바탕으로 6가지 기술 이전 방식의 특성을 살펴보면 다음과 같다.

(1) 기술 양도(Assignment)

기술 양도란 기술 수요자에게 기술의 권리를 판매하는 것으로 기술의 매각과 같은 의미라고 볼 수 있다. 민법상의 재산권은 권리의 일부를 분리하여 양도할 수 없지만 지적 재산권의 경우 권리의 일부를 양도하는 것이 가능하기 때문에 기술 양도의 경우 기술의 권리 또는 특허 지분을 완전히 매각하는 경우도 있지만 특허 지분의 일부를 매각할 수도 있다. 기술 수요자가 기술 사업화를 안정적으로 시행하기 위해서 또는 특허 분쟁에 대처하기 위한 목적 등으로 특정 기술의 권리자 또는 공동 권리자로 인정받기를 원하는 경우에 기술 양도가 이루어진다.

기술 양도를 통해 기술 이전을 하는 경우 기술을 판매하는 입장에서는 기술 개발 비용 등을 고려하여 책정한 기술료에서 크게 벗어나지 않는 수준에서 계약이 이루어진다면 위험이 가장 작은 기술 이전 방법으로 볼 수 있다. 그러나 기술 도입자의 입장에서는 기술의 사업화 가능성이나 경제성 등과 관련된 모든 위험을 떠안게 되기 때문에 사업화 후의 수익은 모두 기술 도입자의 몫이다. 기술 매각에 따른 경제적 보상의 크기는 사전에 결정하는 것이 어렵기 때문에 현실적으로 매매 당사자들이 제시한 가격 범위 내에서 협상에 따라 결정되는데 이때 기술 이전 주체들의 협상 능력에 따라 가격이 결정되게 된다.

기술 매각은 수의 계약뿐만 아니라 공개 입찰 경쟁 등을 통해 판매가 가능하다. 기술을 판매하는 기관에서 보다 적극적인 기술 마케팅을 한다면 공개 입찰 경쟁을 통해 시장 경쟁 가격에 기술을 판매할수 있다.

가장 대표적인 예가 한국전자통신연구원(Etri : Electronics And Telecommunications Research Institute)의 기술 경매를 통한 기술 매각 사례이다. 그러나 기술을 매각하는 경우 기술 판매자는 매각된 기술이 제3의 경쟁사나 다른 국가들로 넘어가서 역특허 소송 등이 발생할 수 있음을 고려해야 하기 때문에 지식의 창출과 그 활용에 있어 사회적 책임성을 강조하는 공공 연구 기관의 경우에는 반드시 매각 아이템 선정을 위한 신중한 심의 과정이 필요한 것이다. 또한, 공공 연구 기관이 보유한 기술의 매각과 관련해서는 기술 개발 후 기술 이전 또는 사업화가 발생하지 않은 채 일정 기간이 지난 기술인 경우에 한해서 매각을 하도록 하는 규정을 두기도 한다. 공공 연구 기관이 보유한 기술을 매각할 수 있는 근거 규정으로는 '국가 연구 개발 사업의 관리 등에 관한 규정'과 '정보 통신 연구 개발 관리 규정' 등이 있다.

(2) 공동 연구(Cooperative Research)

합작 연구(Joint Research)라고도 부르며, 이러한 형태의 기술 이전 계약은 비용의 공동 부담 혹은 비용의 분산을 원칙으로 하며, 공동 연구로부터 산출된 지적 재산권에 대한 소유권은 계약서에 명시하는 것이 대부분이다. 더불어 지적 재산권에 대한 소유권과는 별도로 특허 출원에 대한 권리도 계약서에 명시한다. 또한, 이러한 종류의 기술 이전 계약은 연구 기간 등의 계약 기간을 일정 기간으로 제한하는 조항을 포함한다.

일반적으로 공동 연구는 기업이 자신이 보유하고 있는 기술을 제공하여, 다른 기업이나 연구 기관과 상호 기술을 보완하여 신제품이나 신기술을 개발하는 것이다. 기술 복합화의 진전으로 자체 기술력만으로는 기술 개발 및 신제품 개발이 여의치 못함으로 자사 기술을 보완하는 공동 연구가 필요하게 되는데 이런 경우 공동 연구의 형태를 띠게 된다. 공동 연구의 첫 번째 형태는 대학이나 공공 연구 기관 또는 기업이 자신이 보유한 기술을 제공하고, 다른 기업 또는 연구 기관과 추가적인 연구를 진행하여 기술을 개량하거나 신제품 혹은 신기술을 개발하는 것이다. 공동 연구의 두 번째 형태는 특정 기술의 개발을 목표로 연구 기관, 기업 등이 비용을 공동 부담 또는 비용의 분산을 원칙으로 하여 공동 개발 과정을 갖는 것이다. 이러한 공동 연구로부터 산출된 지적 재산권에 대한 소유권은 계약서에 명시하는 것이 대부분이다.

계약 연구(Contractive Research)는 주로 기업이 위탁자가 되어 각종 연구 기관 및 대학에 연구를 의뢰하는 경우에 이루어지는 것으로 공동 연구의 한 형태로 보기도 한다. 기업의 입장에서 볼 때 계약의 상대방은 기업 경영 방식과 조직 문화의 측면에서 매우 이질적인 성격을 가지므로 연구 기관이나 대학의 실태, 업무 처리 절차, 성격 등을 충분히 이해한 다음에 계약을 맺는 것이 가장 중요하다. 또한, 계약 연구의 경우 수탁자의 능력이 기대 효과 달성에 미치는 영향이 크므로 계약 상대방이 최선의 노력을 경주하느냐가 계약 이행 여부를 결정하는 핵심이라고 볼 수 있다.

(3) 라이센싱(Licensing)

라이센싱은 기술 양도와 함께 가장 많이 사용되는 기술 이전 형태의 하나로 기술 제공자(Licensor)가 기술 도입자(Licensee)에게 기술료를 받고 특정 기술에 대하여 일정 기간 실시권을 허여하는 계약으로 기술 도입자 입장에서는 실시 대가를 지불하고 일정 기간 기술에 대한 실시 권리를 획득하는 것이다. 일반적으로 실시권 허여는 특허, 프로그램, 노하우 등을 기술 도입자가 자신의 사용 목적(제품 및 서비스 생산 등)에 맞게 자유롭게 사용토록 함을 의미한다.

라이센싱은 기술 보유 기관이 직접 기술을 사업화하거나 합작 투자를 통해 합작 법인을 만드는 경우보다는 투자 비용 및 소요 자원의 측면에서 비용 및 성공 가능성에 대한 위험이 상대적으로 적다. 즉, 기술 제공자의 개발, 제조, 마케팅 등의 기술 사업화에 대한 위험의 상당 부분이 기술 도입자 측으로 이전되기 때문이다. 그러나 상대적으로 기술 사업화에 따른 수익 또한 이전된 위험의 크기만큼 이전된다. 따라서 적절한 위험 부담의 분산 및 수익 배분을 위해서는 위험의 크기에 따라 기술 도입자와 기술 제공자 모두에게 적합한 라이센

21세기 기술 사업화

싱 전략이 요구된다.

일반적으로 기술 도입자인 벤처 중소기업에서는 선급 기술료를
낮추어 주기를 원하고, 매출이 발생하면 그때 경상 기술료를 기술
제공자인 연구 기관에 지불하기를 원한다. 선급 기술료를 높이고
경상 기술료를 낮추는 경우에 기술 이전과 관련된 위험의 많은 부분
을 기술 도입자가 가지게 되고, 선급 기술료를 낮추고 경상 기술료
를 높이는 경우에는 위험 부담의 많은 부분을 기술 제공자가 가지게
된다.

〈표 2-4〉 기술 라이센싱 방법의 종류

종류	장단점
전용 또는 독점실시권 (Exclusive License)	. 기술 제공자, 실시권 허락자(Licensor)가 기술 도입자, 실시권자(Licensee)에게 계약 지역에서 계약기간 동안 독 점적으로 사용할 수 있는 권리 부여 . 제3자에 대한 동일 실시권 허락은 불가능하므로 최저 판매 액, 최저 기술료, 경쟁 제품 취급 제한 등의 까다로운 조건 을 제시하는 것이 일반적임 . 독점 사업권의 실익과 최저 기술료 등의 부과 조건을 비교 하여 수용 여부를 결정함(기술 도입자의 입장)
통상 또는 비독점 실시권 (Non-Exclusive License)	. 실시권 허락자가 실시권자뿐만 아니라 제3자에게도 실시 권을 부여할 수 있는 권리를 유보하는 방식임 . 실시권 허락자가 일반적으로 선호하는 방식임 . 실시권 허락자와 실시권자가 별도의 부담 없이 일반적으로 채택할 수 있는 방식임 . 실시권자(기술 도입자)의 입장에서는 최저 기술료 등의 별 도 부담이 없도록 유의함

종류	장단점
재실시권 (Sublicense)	. 실시권을 허락받은 기술 도입자가 계약상의 재실시권 규정에 따라 제3자에게 다시 재실시권을 허락할 수 있음 . 하나의 기술이 용도, 목적, 지역별로 다양하게 활용될 수 있는 경우에 효율적으로 사용할 수 있음 . 계약상의 근거가 필요함
일괄 실시권 (Package License)	. 하나의 계약으로 여러 가지 기술의 실시권을 부여한 방식과 기술, 설비, 부품, 자본 등을 일괄적으로 허락(제공)하는 방식을 지칭함 . 기술 제공자가 선호함 . 필요로 하는 경영 자원을 한꺼번에 모두 얻는 장점이 있으나 비용의 부담이 큼 . 공정 거래 관계 법규에 위반될 가능성이 크므로 주의를 요함
상호 실시권 (Cross License)	. 당사자 상호간에 상대방의 특정 기술을 교환하여 사용할 필요가 있는 경우에 채택 가능 . 상호 무료 실시권 교환 또는 경제적 가치의 차이로 이익을 보는 쪽이 상대방에게 그 차액만큼만 보상함 . 상호 협력 관계의 형성으로 기술료 절감과 경쟁자 배제 효과 . 상호 간의 필요성을 인식할 수 있는 기본적 능력을 갖추는 것이 필요함

라이센싱 계약은 전형적으로 특허 유지 비용 및 기타 라이센싱 관련 비용, 실시 대가, 상업화에 대한 계획, 계량 기술에 대한 지적 재산권의 소유권 등을 포함한다. 〈표 2-4〉와 같이 라이센싱 방법의 종류에는 기술 실시권의 유형에 따라 전용 또는 독점적 실시권(Exclusive License), 통상 또는 비독점적 실시권(Non-Exclusive License) 등으로 나눌 수 있으며, 이외에도 재실시권(Sublicense), 상호 실시권(Cross License), 일괄 실시권(Package License) 등이 기술 이전의 목적, 성격 등에 따라 실

시되기도 한다.

미국의 라이센싱 계약을 예로 든다면 기술 도입 기업의 규모에 따라 사용되는 기술 실시권의 유형에 차이점이 있는데 창업 기업 (Start-Up Company)으로의 라이센싱 계약 중 약 90% 정도가 전용 실시 계약으로 이루어지고 있으며, 대기업(종업원 500명 이상)의 경우는 전체 라이센싱 계약의 30~40%, 중소기업의 경우는 40~50% 정도가 전용 실시 계약으로 이루어지고 있다고 한다.

(4) 합작 벤처(Joint Venture)

합작 벤처는 공동 연구 수준의 기술 이전 방식에서 한 걸음 더 나아가 단순히 R&D 부문만이 아닌 전 사업 영역에서의 협력을 포함한다. 예를 들면 기술을 보유한 기관은 기술 개량과 기술 상품화와 같은 R&D 영역을 제공하고, 다른 참여자는 제조, 마케팅, 판매, 유통 등을 담당하는 방식이다. 이러한 합작 벤처의 경우 기업 또는 연구 기관으로부터 완전히 분리 독립된 형태의 법인 형태로 이루어지는 경우가 대부분이다.

합작 벤처의 경우에는 지적 재산권을 사용할 수 있는 라이센싱 계약 등이 반드시 포함되며 [부정경쟁방지법 및 영업비밀보호에 관한 법률]이나 [반독점법]과 같은 법령에 관한 고려가 필요하게 된다. 대학이나 정부 출연 연구 기관의 측면에서 본다면 자본과 경영 노하우를 가진 기업과의 합작 투자를 통해 기술 사업화 가능성을 높일 수 있지만, 실제로 기업은 기술의 불확실성이 큰 공공 연구 기관과의 합작 벤처 설립을 적극적으로 추진하지 않는 문제로 인하여 적용하기까지에는 실질적으로 여러 가지 어려움들이 있다.

합작 벤처 설립을 통한 기술 이전 방식은 기술 사업화 과정에 따른 위험, 수익, 지배력 등을 공유하기 때문에 여전히 불확실한 요소들이 많다고는 하지만 참여 기관의 기반 기술과 보유 자원이 상호 보완적일 경우 합작 벤처 설립에 참여하는 각 기업 또는 연구 기관의 위험성은 감소하며 성공 잠재력은 제고될 수 있다.

(5) 인수 합병(M&A)

기술 또는 관련 경영 자원을 개별적으로 또는 조합하여 거래의 대상으로 삼을 수도 있지만 좀 더 넓게 본다면 기술력이 뛰어난 기업을 팔거나 사는 것도 기술 이전 거래의 한 형태로 보아야 할 것이다. 따라서, 기술의 획득을 위하여 라이센싱 등을 통해 기술에 개별적으로 접근하는 대신 기술을 보유한 기업을 인수(Take Over)하여 기술, 관련 설비 등을 한꺼번에 획득하는 것도 확장된 기술 이전 거래 방법이라고 할 수 있다.

기술을 가진 기업이나 소유자의 입장에서도 기술만을 분리하여 개별적으로 거래하기보다는 기술, 관련 설비, 기술 인원 및 기타 자산을 한꺼번에 매각하는 전략을 선택하기도 한다. 이러한 기술 보유 기업의 매수, 매각 등을 통한 기술의 거래는 기술 개발 혹은 변화 속도가 매우 빠르거나, 관련 기술 및 제품의 수명 주기가 극히 짧아 발 빠른 대처가 필요한 경우에 주로 채택된다. 기술 중심의 경영이 본격화되고 또 기술 혁신이 가속화되면서, 기술력을 갖춘 소규모의 벤처 기업들을 중심으로 이런 방식의 기술 거래는 크게 증가할 것으로 예측된다. 그러나 매수, 매각 대상 기업의 기술 평가 및 가치 분석에 여러 가지 문제가 있으므로 이러한 기술 거래의 방식에도 한계가 있다.

매수 합병을 통한 기술 이전은 가장 발달된 형태의 기술 이전 방법이지만 기술뿐만 아니라 다른 요인들이 복잡하게 관련되어 있기 때문에 기술의 획득만을 목적으로 하는 경우라면 소규모 벤처 기업에 대한 매수 합병을 제외하고는 그 실효성이 떨어질 수도 있다.

(6) 분사(Spin-Off)

일반적인 분사는 다각화 등으로 조직이 거대해진 기업이 핵심 주력 사업 부문이 아닌 사업 부문을 분리시켜 별도의 법인으로 만들고, 새로운 경영진을 구성하여 이를 경영하도록 하는 것으로 우리나라 기업들의 분사는 종업원 인수(Employee-Buy-Out)와 유사하다.

분사의 이유는 사업부제의 성장 한계, 다른 업종 분야의 신규 개발 추진 시 위험 회피, 지역 밀착형 경영 활동 추진, 벤처 비즈니스의 시작 의도, 유능한 기술 인력의 확보와 종업원의 사기 진작, 합법적 절세 효과의 축 등을 들 수 있다. 분사의 장점으로는 기존의 자원과 역량을 핵심 주력 사업에 집중할 수 있어 모기업의 경쟁력 향상에 도움이 되며, 매각 자금 유입으로 모기업의 재무 구조가 개선될 수 있다는 데 있다. 뿐만 아니라 분사 부문을 종업원들이 인수하여 경영함으로써 자연스럽게 기술 이전이 이루어진다는 장점도 있다.

연구 기관 혹은 대학에서의 분사는 대학이나 연구소 근무자가 특정 분야의 기술을 갖고 이를 활용해 창업하는 것을 말한다. 이 과정에서 기술을 보유한 연구 기관과 창업자 사이에 기술의 사용 등에 관한 계약을 통해 자연스럽게 기술 이전이 이루어지게 되는 것이다.

우리나라의 경우, 1998년에 [벤처 기업 육성에 관한 특별 조치법]이 개정되면서 분사는 연구 인력의 창업 위험 부담을 줄이기 위해 대학이나 연구 기관이 일정 기간 휴직을 허용하고, 본인이 희망할 경우 복직을 보장함으로써 창업을 지원하는 제도로서 의미를 가지게 되었다. 특히 미국이나 캐나다, 영국 등에서는 이러한 방식의 기술이전을 중요시하여 각종 지원 제도를 마련하고 있다.

대학이나 연구소에서 직접 창업 자금을 지원하거나 인큐베이션 시스템을 활용하기도 하며, 사업 계획 작성과 경영팀 구성을 돕고 다른 투자자를 연결하는 역할 등에도 적극 나서고 있다.

5. 요소 관점에서 본 기술 이전 과정

기술 이전 과정은 동시다발적인 프로세스의 복합체이며 다양한 결정 요인이 존재한다. 또한, 다양한 진행 과정과 결정 요인들의 상호 작용에 의하여 그 성공 여부가 결정되므로 이론적인 분석이 매우 중요하다 할 수 있다. 기술 이전 과정은 일반적으로 기술 이전 기관(Transfer Agent), 기술 이전 대상(Transfer Object), 기술 이전 유형(Transfer Medium), 기술 이전 대상 기관(Transfer Recipient), 기술 이전 환경(Demand Environment) 등의 5가지 요소로 구성되어진다.[11]

또한, 기술 이전 기관의 특성(Nature), 역사(History) 및 문화(Culture) 등이 기술 이전 과정에 영향을 주고 있다. 즉, 대학이나 정부 출연 연구 기관 그리고 민간 기업의 문화적 특징이 기술 이전 과정에 상당한 영향을 미친다. 그밖에도 연구 기관의 크기나 지역적 위치 등도 기술 이전 과정에 영향을 미치는 특성으로 고려되어지고 있다.(Bozeman And Coker, 1992 ; Coker, 1994)

기술 이전 절차는 일반적으로 Ip Strategy, 시장 조사, 기술 가치 평가, 기술 마케팅, 협상 및 계약, 사후 관리 등으로 이루어져 있다.

---

11) 임채윤, 이윤준. 전게서, (36~42page)

[그림 2-3] Bozeman(2000)의 기술 이전 모델

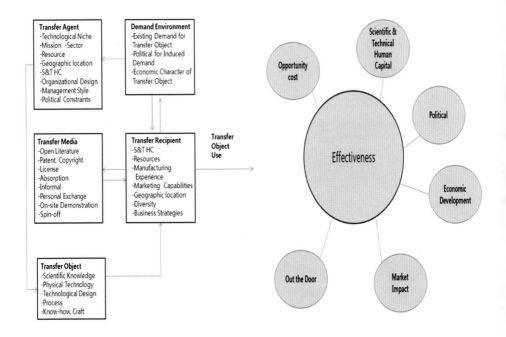

(1) Ip Strategy

이 단계에서 기술 이전 전담 조직은 잠재 시장의 크기를 기초로 특허 출원 국가 결정 등의 특허 전략을 수립하게 된다. 그리고 선택된 기술의 특허 출원 및 등록을 위한 전 과정을 수행하기 위해 기존의 문헌 조사 및 발명 공개 자료의 사본을 제출하며, 외부의 특허 법률 사무소와 같은 법률 고문단과 함께 작업을 하기 시작한다. 뿐만 아니라 발명자와 법률 고문단의 효율적이고, 시기적절한 의사소통을 위해 노력하며, 특허 출원 및 등록, 관리를 위해 필요한 서류를 준비, 작성한다.

이와 같은 지적 재산권에 대한 철저한 검토와 관리는 기술 이전의 시작이며, 기술 이전 성공의 핵심이 된다. 따라서 지적 재산의 개발, 보호, 활용은 기술 이전 과정에 있어서 매우 중요할 뿐만 아니라 그 기반을 제공하므로, 이러한 지적 재산권 관리의 목표는 지적 재산권을 통한 이윤을 극대화하는 것이다.

이를 위한 보다 구체적인 전략의 수립에는 2가지 요소가 고려되어야 한다. 첫째, 지적 재산권 관리의 초점은 기술 이전 기관의 상황에 따라 달라져야 한다. 즉, 지적 재산의 중요성과 이에 투자함으로써 획득할 수 있는 이윤은 동등한 투자의 기회비용과의 비교, 분석 후 결정되어야 한다. 둘째, 현재 고려 중인 경영 전략이 올바르게 수립되고 있는 것인지를 확인하기 위해 경쟁자의 지적 재산과 경영 전략과의 비교의 바탕 위에서 그 중요성이 검토되어야 한다.

(2) 시장 조사

정확하고, 신뢰성 있는 시장 정보는 성공적인 기술 이전을 위해서 아주 중요한 요소이다. 관련 시장의 규모, 성장률, 기술, 제품 등에 대한 심도 있는 이해만이 기술 개발자뿐만 아니라 잠재적인 기술 도입자로 하여금 그 기술의 가치를 추정할 수 있도록 해 줄 것이다. 또한 이러한 기술 시장 조사는 기술 이전 과정의 기반이 되는 지적 재산 관리 전략을 개발하고 수립하는 데 사용되어진다.

시장 조사는 일반적으로 여러 단계에 걸쳐 이루어지는데, 초기 단계에서는 기술과 관련된 비공식적인 조사가 이루어진다. 이 단계에서는 관련 기술 서적과 문헌 그리고 전시회에 참여하며 고객이나 동료와 논의를 하는 일 등이 포함된다. 초기 단계에서는 일부 유용한 정보가 입수되지만, 관련 기술, 제품, 시장에 대한 종합적인 정보는 부족한 상태이다.

두 번째 단계는 종합적인 기술 시장 조사를 수행하는 공식적인 과정이다. 이 단계에서 기술 시장 조사의 목표는 현재 시점에서 관련시장을 적절하게 설명하고, 그 시장에서 기술의 전망에 대한 판단을 도와주는 데 필요한 모든 정보를 입수하는 것이다. 이렇게 입수된 대량의 새로운 정보를 분석하여 소량의 유용한 자료를 창출하게 될 때 기술 시장 조사가 완료되는 것이다. 두 번째 단계 이후에도 계속적인 기술 시장 조사 활동이 이루어져야 하는데 특히, 새로운 경쟁 제품과 기술에 대하여 지속적으로 조사 · 분석된 정보는 성공적인 경영 전략을 수립하는 데 중요하다.

필요한 정보는 크게 네 가지로 나눌 수 있다. 관련 시장에 대한 일반적인 정보, 관련 시장에서 활동 중인 기업과 제품, 대학 및 공공 연구 기관과 기업 등에서 진행 중이거나 보유하고 있는 장래 이용 가능한 기술, 현재 기술 시장에서의 기술 이전 관행 등이다.

(3) 기술 가치 평가

이 단계에서 기술 이전 전담 조직은 시장 조사 정보를 바탕으로 특허 출원에 대한 타당성 및 사업성을 판단한다. 이러한 기술 가치 평가의 근본적인 목적은 향후의 기술 이전 계약에 대비하여 객관적인 기술의 가치를 평가하는 것이다.

기술 가치 평가 방법에는 비용 접근법, 수익 접근법, 시장 접근법이 있다. 비용 접근법은 해당 자산이 보유하고 있는 가치와 동일한 수준의 가치를 얻기 위해 필요한 금액을 산출함으로써 해당 자산의 미래 이익을 측정할 수 있다는 사고에 바탕을 둔 것으로, 평가하려는 기술을 개발하기까지 사용한 물적, 인적 자원의 가치를 합산한 후 그 기술을 계속 보유하는 데 따른 기술 가치의 하락 즉, 감가상각 분을 빼면 기술 가치가 계산된다. 계산 방법이 쉽다는 장점이 있으나, 향후 기대 수익에 대한 고려가 불가능하다는 단점이 있다.

수익 접근법은 기술 자산이 창출할 미래의 수익성 분석에 초점을 맞추는 방법으로 기술 자산의 가치를 해당 기술의 내용 기간 동안 거둘 수 있는 경제적 이익(현금 유입에서 현금 지출을 공제한 것)을 현재 가치로 환산하는 것이다. 시장 접근법은 시장에서 이루어졌거나 이루어지고 있는 거래의 정보를 종합해서 기술 자산의 가치를 평가하는 방법으로 평가 대상이 되는 기술 자산과 동등 내지 유사하다고 판단되는 기술 자산들이 시장에서 실제 거래되는 가치를 토대로 해당 기술의 가치를 간접적으로 결정하게 된다.

비교 가능한 기술 거래의 사례를 구하는 것이 쉽지 않기 때문에 비용 접근법과 시장 접근법을 병행하여 사용하는 것이 일반적이다. 최근에는 미래 가치 창출 잠재력을 평가하기 힘든 전통적인 평가 방법의 한계를 극복하고자 R&D 투자와 같이 중도에 확대나 포기가 가능한 투자 사업 등은 실물 옵션을 포함하기 때문에 가치 평가 시 옵션 개념을 도입하기도 한다.

(4) 기술 마케팅

기술 마케팅의 시작은 기술 이전 데이터베이스의 목록 작성 및 잠재 기술 실시 예정 기업과의 직접적인 접촉으로 이루어진다. 기술 이전에 대해 특별한 관심을 보이는 기업들과는 비밀 유지 계약(Confidentiality Agreement)을 체결한 후 전반적인 기술 평가를 위한 발명 기술에 대한 전체적인 정보를 기밀 정보를 포함하여 제공하게 된다.

일반적으로 기술 마케팅은 지적 재산의 무형적인 특성 때문에 유형의 제품에 대한 마케팅 활동보다 더 어렵다. 예를 들어 특허(Patent), 상표(Trademark), 저작물(Copyright), 노하우(Know-How) 등의 지적 재산으로 이루어진 제품들은 컴퓨터와 같이 제품의 특징, 형상, 기능, 가치 등이 쉽게 드러나는 제품보다 설명하거나 이해하기가 훨씬 어렵다. 따라서 기술 마케팅에 영향을 미치는 요소와 그 특징을 잘 이해하는 것이 기술 마케팅에 있어서 매우 중요하다.

기술 마케팅에 영향을 미치는 요소는 다양하다. 첫째, 경제성의 유무, 즉 기술이 검증될 만한 경제적 이익을 기술 도입자에게 가져다 준다는 것을 보여 주어야 한다. 그 기술을 구현하는 비용이 합리적이어야 하며, 이로 인한 이익은 명확하여야 한다는 것이다. 둘째는 유용성이다. 목표 시장에서 그 기술에 대한 수요가 있어야만 하며 기술은 시장에서 상업적 이용 가치가 있어야 한다. 즉 기술의 구현으로 인한 비용 이득, 경쟁 이득 등의 이득이 있어야 한다. 셋째로는 기술의 개발 단계에 따라 마케팅 전략이 달라져야 한다. 넷째는 기술 성과에 대한 증명이 필요하다. 이를테면 기술 개발 초기 단계에서의 기술 마케팅은 기술 도입자에게 외부 전문가를 통해 독립적인 평가를 받아 제공하는 것이 기술의 생존 가능성을 확립시켜 주는 데 도움이 된다. 다섯째, 기술 도입자의 제품, 시장, 전반적 사업전략 등 기술 외적인 관심사에 대한 이해는 라이센싱을 성공으로 이끄는 효과적인 방법이며, 일단 기술 도입자에게 기술 외적 관심사에 대한 해답을 제공할 수 있다면 보다 기술적인 수준으로 진행이 가능하고, 기술도 긍정적으로 평가를 받을 수 있게 되는 것이다.

기술 마케팅 방법으로는 연구 개발자가 잠재 기술 도입자를 직접 접촉하는 등의 대면 접촉 방법, 웹 사이트 이용, 팩스나 전화 이용, 전시회 등의 방법이 있다. 〈표 2-5〉는 미국 대학의 경우 기술 마케팅 방법의 사용 빈도를 조사한 것인데, 연구 개발자의 직접 접촉, 기술 이전 전담 조직의 직접 접촉이 다른 방법에 비해 상대적으로 사용 빈도가 높음을 알 수 있다.

<표 2-5> 기술 마케팅 방법 사용 정도

다음 중 기술 마케팅 방법으로 귀 대학이 주로 사용하는 방법은 무엇입니까?	
	응답 비율(%)
웹 사이트(Website)	37.5
개인적 직접 접촉(Personal contacts)	75.0
우편 및 팩스(Direct mailing/fax)	52.5
전시회(Trade shows)	48.8
공식 회의(Meetings)	20.8
연구 개발자 접촉(Inventor contacts)	58.3

* 자료 : Thurst Et Al.(2000), "Objectives, Characteristics And Outcomes Of University Licensing : A Survey Of Major U.s. Universities"

(5) 협상 및 계약

라이센싱 계약은 전형적으로 특허 유지 비용 및 기타 라이센싱 관련 비용, 실시 대가, 상업화에 대한 계획, 계량 기술에 대한 지적 재산권의 소유권 등을 포함한다. 성공적인 장기 라이센스 계약에 있어서 가장 중요한 것은 서로의 입장을 이해하고, 협상 이전에 자기 관심사(이익)의 우선순위를 정하여 협상에 임하는 것이다. 또한, 실질적인 문제에 초점을 맞추어야 하며, 협상 당사자의 개인적 성격과 스타일이 협상을 성사시키는 데 도움이 되어야 하는 것이다.

라이센싱 협상을 할 때 고려해야 할 전략적 사항들은 다음과 같다.

첫째, 대응 능력(Responsiveness)을 갖출 수 있도록 협상팀은 라이센스 계약에 이해관계를 가지는 모든 부서(재무, 법률, 엔지니어링, 마케팅)의 대표자로 이루어져야 하며, 상대의 요구에 대한 철저한 준비와 함께 기술과 시장에 대한 분명한 이해가 선행되어야 한다.

둘째, 거래 조건 변경의 효과를 고려해야 한다. 양보는 협상을 발전시키는 강력한 도구이지만 잘못하면 대결 구도에 빠지기 쉽다. 상대의 양보를 얻어내려면 자신의 요구를 논리적으로 정당화시켜야 하며, 또한 양보도 전체의 목적을 해치지 않는 범위 내에서 이루어져야 한다.

셋째, 기술 제공자와 기술 도입자의 조직 문화는 협상에 많은 영향을 미친다.

(6) 사후 관리

기술 이전 계약 전후의 관리 업무는 크게 두 가지로 나누어 볼 수 있다. 첫째, 행정적인 관리 업무로서, 계약과 관련된 준비, 서류의 전달, 기술료 지급과 관련된 회계 업무, 지적 재산의 보호와 유지 등이 포함된다.

둘째, 기술적인 관리 업무로서, 기술 이전, 개발, 상표의 품질 관리 등이 포함된다. 이러한 업무들이 원활히 진행되기 위해서는 기술 제공자와 기술 도입자 간의 의사소통과 계약에 포함된 모든 의무와 관련한 조정 책임이 부과되는 연락 담당자(Liaison Personnel)가 존재해야 한다. 계약 이후의 활동 범위는 기술 이전 시 맺은 계약 조건에 의하여 크게 달라질 수 있다. 일시불 방식의 기술료 조건일 경우, 계약 이후의 활동, 즉 기술 이전과 개발, 침해 소송에 대한 대처 등에 있어서 긴밀한 협조가 부족할 수 있다. 반면, 상표를 포함한 장기적인 기술 이전의 경우, 상호 긴밀한 관계와 함께 활발한 사후 활동이 필요하게 된다.

라이센스 계약 후 라이센스 계약 내용의 실행을 위한 라이센싱 관리는 다음과 같은 활동을 포함한다. 기술 실시 기업이 상업화 계획에 따라 기술 실시를 실행하고 있는지에 대한 검사, 기술료 및 기타 제반 비용의 징수 등이다. 기술 이전 전담 조직은 발명 기술에 대해 특허 비용 및 기술료 수입을 기록, 유지하고, 각 연구소의 정책에 따라 기술료 수입을 분배한다. 또한, 기술 이전 전담 조직은 라이센스 계약을 체결하지 않은 발명 기술의 사용에 대한 실사 및 법적인 대응을 더불어 수행하기도 한다. 그리고 기술 이전 전담 조직은 연구 개발을 지원한 연구 개발 지원 기관에 대해 발명 기술에 대한 보고를 할 책임이 있다. 또한, 발명 기술의 공동 소유자에 대해 특허 비용, 기술료 수입 등에 대해 보고할 의무가 있는 것이다.

6. 학술적 · 실무적 관점에서 본 기술 이전 과정

연구 개발 결과로 획득된 기술은 [그림 2-4]와 같이 기술 자산 매각, 분사(Spin-Off), 라이센싱 등을 통해 수익을 창출할 수 있는데 이러한 과정을 기술 이전이라고 할 수 있다. 기술 이전 과정은 [그림 2-5]와 같이 탐색, 평가, 협상, 그리고 이전으로 구분하고 학술적 관점 또는 실무적 관점에 따라 세부 과정을 조정한다.[12]

[그림 2-4] 기술 이전의 수익 창출 효과

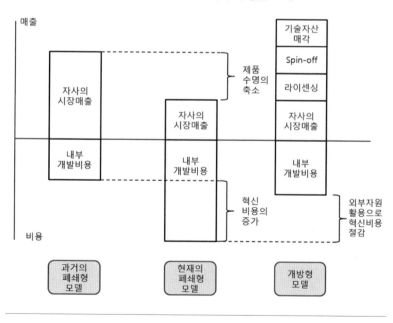

---

12) 이길우, "국가 연구 개발 기술 이전 · 사업화 제고 방안 연구", 한국과학기술기획평가원, 2013.1. (8~11page)

[그림 2-5] 기술 이전 과정의 학술적 · 실무적 개념

학술적 개념은 Teece, Forester와 같은 여러 학자의 이론을 종합하여 기술 이전 단계를 6단계로 구분한다. 1단계는 기술 수요자로서 기업이 필요 기술을 탐색하는 과정이다. 시장에서 성공 가능하다고 판단되는 신제품을 조사하고, 이를 구현할 수 있는 신기술을 분석 · 평가하는 단계이며, 기업의 자체적인 제품 수요 조사와 미래 기술에 대한 폭넓은 기술 예측 자료를 조사 · 분석한다.

2단계는 필요 기술의 범위와 특성 비교 · 분석이다. 이 때는 자체 연구 개발, 위탁 개발 또는 국내외 기술 도입 등 기술 확보 방안에 대한 검토가 병행된다.

3단계는 외부 도입을 결정할 경우 기술 제공자를 물색하는 단계다. 이 때 복수의 기술 제공 후보자를 조사하여 유리한 계약 협상을 통해 기술 획득을 모색하게 된다.

4단계는 후보 기술에 대한 적정성을 평가하는 단계다. 이 때 그 기술로 구현된 제품의 특성과 시장 특성 등을 고려하여 최적의 기술을 선정한다.

5단계는 협상과 계약 단계다. 여기에서는 도입 기술을 완전히 체화할 때까지 기술 제공자로부터 기술 지도 등이 가능한지와 적정 수준의 기술료, 상호 이익에 합치되는 기술 이전 계약 조건 등에 대해 포괄적으로 고려한다.

6단계는 마지막 단계로 기술 도입의 추진과 시행 단계다. 이 단계에서 기술 도입자의 수용 능력에 문제가 발생할 수 있으므로 이에 따른 양측의 차이를 보완하기 위해 계약 당사자 간 지속적인 기술 지도와 협력이 이루어진다.

실무적 관점에서는 기술 사업화 과정을 7단계로 구분한다. 1단계는 기술 이전 목적 검토 단계로 기술 공급자나 기술 도입자 입장에서 해당 기술을 어떤 목적으로 이전하거나, 이전받으려 하는지 검토한다. 기술 도입자는 기업 경쟁력 제고를 위해 신기술을 도입하거나, 부족한 기술 보완을 위해 외부로부터 이전 기술을 받는 것이 일반적이다. 이와 달리 기술 공급자는 해당 기술을 자체적으로 사용하여 제품을 생산, 판매하기보다는 기술을 외부에 이전하고 기술료를 받는 것이 안전하고 이익을 극대화하는 경우라고 판단한다. 또한, 유휴시설, 부품 판매, 또는 하청 업체와 협력 관계 유지를 목적으로 기술 이전을 추진하기도 한다.

2단계는 기술 이전 전략 수립과 공급자 파악이다. 기술 이전을 결정한 후, 해당 기술을 어떻게 잘 포장하고 어떤 방식으로 기술 이전을 추진할 것인가에 대한 전략을 수립하는 단계다. 기술 이전 상대방의 어느 부분에 초점을 맞출 것인지에 대한 문제도 전략 수립 단계에서 정리해야 하며, 기술 이전을 위해서 최소한으로 요구되는 기술 도입자의 기술력, 사업화 능력에 대한 파악 또한 필요하다. 기술 도입자의 입장에서 수요 기술을 공급할 수 있는 대상을 탐색하고, 공급 기술의 경쟁력 수준, 기술 이전 조건 등의 측면에서 최적 대상을 파악하는 단계이다.

3단계는 기술 평가다. 기술 평가의 유형은 평가 대상 및 목적에 따라 다양하게 적용될 수 있다. 기술 가치 평가가 기술 혁신 현장에서 이루어지는 평가(Technology Evaluation), 특정 기술의 사회 경제적인 영향을 파악하고자 하는 기술 영향 평가(Technology Assessment), 기술에 대한 경제성 평가(Cost-Benefit Analysis), 기술 가치를 화폐적 단위로 환산하고자 하는 협의의 기술 가치 평가(Technology Valuation)의 4가지 유형이 있다. [13]

---

13) 이도형, 전게서 (32page)

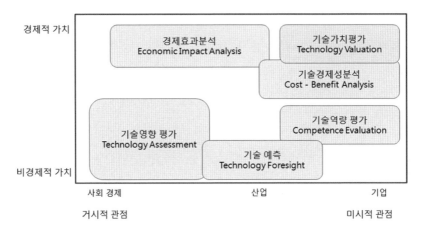

[그림 2-6] 기술 평가

경제적 가치

경제효과분석
Economic Impact Analysis

기술가치평가
Technology Valuation

기술경제성분석
Cost - Benefit Analysis

기술역량 평가
Competence Evaluation

기술영향 평가
Technology Assessment

기술 예측
Technology Foresight

비경제적 가치

사회 경제　　　　　　　　산업　　　　　　　　기업

거시적 관점　　　　　　　　　　　　　　미시적 관점

　　기술 이전 전담 조직에서는 기술 이전을 추진할 때 보유 기술 가운데 어느 것을 먼저 판매 목록에 올릴 것인가를 결정해야 한다. 또한, 기술 도입자에게 이전 대상 기술에 대한 정보를 제공할 필요가 있다. 이러한 기술 이전 마케팅을 위해 기술성, 시장성, 사업성 등의 기술 평가가 선행되어야 한다. 기술 평가는 보통 기술 공급자가 기술에 대한 기본 정보, 기술 내용, 시장 정보 등이 담긴 기본 보고서를 작성함으로써 시작한다. 기본 보고서를 바탕으로 기술 스크리닝을 거쳐 기술성과 사업성을 평가하는데, 필요시 기술 가치 평가를 통해 기술 가치를 화폐 가치로 환산하기도 한다. 이러한 기술 평가 결과로부터 기술 이전 방식, 기술료 등과 같은 이전 조건을 결정한다.

　　4단계는 기술 이전 마케팅이다. 이전 대상 기술을 선정하고, 상대방에 대한 개략적인 요구 조건이 결정되면 기술 이전의 상대방을 결정하기 위한 판매 활동, 즉 기술 도입자 탐색 과정에 착수해야 한다. 최근 기술 이전에 대한 정부 부처의 관심이 높아지면서 지역기술이 전센터(Rttc), 테크노파크 등 지역의 기술 이전 거점이 속속 생겨나고 있어 이들 거점을 활용하여 기술 이전을 추진할 수 있게 되었다. 이 밖에도 인터넷, 유관 기관, 중소기업 협동조합, 연구소 등을 통해 기술 도입자를 탐색할 수 있다. 또한, 다양한 기술 전시회, 기술 설명회 등에 참석하여 적극적으로 홍보하는 방법을 선택할 수도 있다.

5단계는 기술 이전 협상이다. 기술 공급자와 도입자에 대한 탐색이 끝나면 기술 이전 계약에서 다루어야 할 중요한 조건과 부수적 조건을 협상해야 한다. 기술 공급자는 기술의 가치, 즉 도입자가 기술을 도입하면 어떤 이익이 있는지를 부각시켜 더 좋은 조건으로 계약을 진행해야 하며, 계약 결렬에 대비하여 기술에 대한 비밀 유지를 반드시 명시해야 한다. 또한, 기술 도입자는 해당 기술에 대한 지식재산권의 권리가 확보되어 있는지, 상품화가 가능한지를 조사함으로써 그 결과를 기술 이전 조건 협상에 반영할 수 있다. 즉, 기술 도입자는 조사 결과를 바탕으로 기술 공급자가 제시하는 조건에 대한 문제를 제기함으로써 좀 더 유리한 조건의 계약을 체결할 수 있다.

6단계는 기술 이전 계약 체결이다. 이전 조건에 대한 협상이 끝나면, 이를 총체적으로 정리한 기술 이전 계약서를 작성하여 기술 공급자와 기술 도입자가 서명 날인함으로써 기술 이전 계약이 성사된다. 이때 계약 체결에서 계약 당사자가 법적인 행위 능력, 권리 능력이 있는지 등을 파악해야 하며, 서명날인이나 기명날인의 당사자가 계약서상의 계약 당사자가 아니라면, 대리 행위를 하게 하거나 다른 방법으로 유효한 계약이 될 수 있도록 조치해야 한다. 기술 이전을 위한 계약 과정은 크게 5단계로 구분할 수 있으며, 첫 단계로 계약 일반 사항 점검, 두 번째 단계로 계약적·형식적 사항 점검, 세 번째 단계로 계약 공통 사항 점검, 네 번째 단계로 기술 이전 실제 사항을 검토하고, 마지막 단계로 사후 처리에 대한 사항을 검토한다. 계약서 작성과 날인으로 계약이 성립되면 서로 합의한 계약서의 조건을 순차적으로 이행하게 된다. 기술 공급자는 기술을 이전하기 위한 서류 제공, 권리 이전 절차상 협조, 기술 지도 의무를 이행하고 그 반대급부로 금전적 수입을 얻게 된다. 이와 반대로 기술 도입자는 금전을 제공하고, 반대급부로서 기술을 이전받게 된다. 기술 이전 계약에서 정한 바대로 계약 조건이 성실하게 이행되는지에 대한 사후 관리가 필요하며, 이는 정상적으로 계약이 이행되는 경우와 그렇지 않은 경우로 분리하여 고려할 수 있다. 정상적으로 계약이 이행되는 경우에는 원만하게 계약이 종결될 수 있도록 하는 차원에서 사후 관리가 대부분을 차지하겠지만, 계약이 정상적으로 이행되지 않는 경우에는 계약 이행 촉구, 채무의 변제, 계약의 해지 등 일련의 법적 수단이 동원되는 사후 관리 절차에 착수하게 된다.

7. 소결론

기업의 생존과 지속적인 성장을 위해서 기술을 효과적으로 개발하고, 이용하는 것은 너무나 중요한 일이다.

기업의 생존과 지속적인 성장을 위해서 기술을 자체 개발할 수도 있지만, 기술 이전을 통한 방법을 많이 사용한다. 기술 이전이란 어느 한 기관으로부터 다른 기관으로 노하우, 지식이 전해지는 것이며, 일반적으로 민간 기업, 정부 기관, 대학이 기술의 제공자의 역할을 수행하고, 학교, 기업, 도시 등이 기술의 수혜자의 역할을 하게된다.

실무적 관점에서 기술 이전 과정을 보면, 먼저 기술 이전 목적 검토를 거쳐, 이전 전략 수립, 공급자 파악을 하게 되고, 그 후 기술 평가를 거쳐, 기술 이전 마케팅을 하게 되며, 그다음 기술 이전 협상을 하게 된다. 협상을 거쳐 기술 이전 계약을 하고, 최종적으로 사후 관리를 하게 된다.

참고 문헌

1. 김선주, "공공 연구 기관의 기술 이전 사업화 영향 요인에 관한 연구 : 전자 부품 산업을 중심으로", 한양대학교 기술경영전문 대학원 석사학위논문, 2013. 2.

2. 박종복, "한국 기술 사업화의 실태와 발전 과제(공공 기술을 중심으로)", 산업연구원, 2008. 1.

3. 박종복, 조윤애, 이상규, 정열용, 권영관, "민간 부문의 기술 사업화 활성화 방안", 산업연구원, 2011. 1.

4. 이길우, "국가 연구 개발 사업 기술 이전·사업화 제고 방안 연구", 한국과학기술기획평가원, 2013. 1.

5. 이도형, "국가 연구 개발 사업화 과정에서의 기술 가치 평가 요인 분석", 건국대학교 대학원 박사학위논문, 2009. 10.

6. 이윤준, 김선우, "대학·출연(연)의 기술 사업화 활성화 방안", 한국과학기술기획평가원, 2013. 8.

7. 임채윤, 이윤준, "기술 이전 성공 요인 분석을 통한 기술 사업화 활성화 방안", 과학기술정책연구원, 2007. 11.

8. 최치호, "출연(연) 기술 이전 및 사업화 촉진 방안", 한국과학기술기획평가원, 2011. 12.

9. 이기영, "대학의 지적 재산권 기술 이전 활성화 방안", 경북대학교 대학원 석사학위논문, 2013. 6.

10. 이영덕, "신기술 사업화의 이해", 도서출판 두남, 2005.

1. 기술 사업화의 정의

기술 사업화에 대한 정의는 사업화 주체(대학, 기업, 연구기관 등)에 따라 다소 차이를 보일 수 있지만, "보유 기술의 잠재적 가치 실현을 위해 기술을 이전하거나 생산 과정에 적용함으로써 제품 및 서비스를 생산·판매하는 절차"라고 볼 수 있다.[14]

[그림 3-1] 기술 사업화 과정

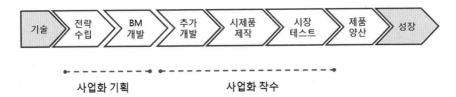

법률에서는 "기술 사업화"를 기술을 이용하여 제품을 개발·생산 또는 판매하거나 그 과정의 관련 기술을 향상시키는 것으로 정의하고 있으며, 기술 사업화의 성공이란 개발 기술의 확산과 활용을 통해 경제적 부가 가치가 창출된 경우, 또는 기술 개발 비용(기술 이전 비용 포함)과 생산 투자 및 판매 비용보다 더 많은 수익을 확보하여 손익 분기점을 넘는 것을 의미한다.

---

14) 이길우, 전게서, (11~18page)

제2 조(정의)

3. "사업화"란 기술을 이용하여 제품을 개발·생산 또는 판매하거나 그 과정의 관련 기술을 향상시키는 것을 말한다.

※ [특허법]상의 기술 사업화 정의(제2 조)

물건의 발명인 경우에는 그 물건을 생산·사용·양도·대여 또는 수입하거나 그 물건의 양도 또는 대여의 청약(양도·대여를 위한 전시를 포함. 이하 같음)을 하는 행위

방법의 발명인 경우에는 그 방법을 사용하는 행위

물건을 생산하는 방법의 발명인 경우에는 나목의 행위 외에 그 방법에 의하여 생산한 물건을 사용·양도·대여 또는 수입하거나 그 물건의 양도 또는 대여의 청약을 하는 행위

기술 사업화는 아이디어 발굴 및 기술 개발, 기술 이전 및 창업 및 마케팅, 기업 지속 성장 등 여러 단계로 이루어져 있다. 본 연구에서는 국제경영개발원(IMD)의 교수인 Jolly(1997)의 기술 사업화 5단계 4전이 이론과 사업화 핵심 요소에 대해 설명하고자 한다.[15]

Jolly는 기술 사업화를 기술에 가치를 부가하는 과정으로 규정하고, 5단계 4전이 이론을 도입하여 기술 사업화의 전체 과정을 다루었다. Jolly의 이론은 특히 세부 단계 사이를 연결하는 전이 과정의 역할과 중요성을 강조하고 있으며, 기술 사업화 5단계는 [그림 3-2]와 같다.

---

15) 박종복, "기술 사업화 이론과 기술 경영 적용 방안 – 졸리의 이론을 중심으로 –", 산업경제분석, KIER, 산업경제, 2008. 2.

[그림 3-2] Jolly의 기술 사업화 5단계 4전이 이론 개요

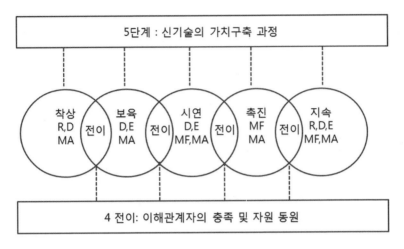

R=연구, D=개발, E=엔지니어링, MF=제조, MA=마케팅

착상(Imaging) 단계는 기술 성과를 매력적인 시장 기회와 접목시키는 단계로, 잠재적인 사업화 가치를 갖는 아이디어를 가시화하는 단계로서 도출된 잠재적인 아이디어들에 대해 사업화를 추진할 가치가 있는 아이디어인지를 평가한다.[16]

대부분의 발명은 시장의 관심을 얻지 못하고 사업화가 착수되지 못하고 있다. 또한, 자원을 공급하는 이해관계자(Stakeholder) 그룹이 아이디어의 상업적 가치를 주관적으로 판단하는 경향을 보이며, 어떤

---

16) 한국산업진흥원, "산업 기술 생태계 관점에서 본 기술 이전 사업화의 새로운 패러다임"(Issue Paper 2011-6), 2011. 6. (20page)

21세기 기술 사업화

시점에서는 특정 아이디어만 편파적으로 선호하기도 한다.

보육(Incubating) 단계는 새로운 아이디어 사업화 가능성을 기술 측면과 시장 수요 측면에서 구체화하는 단계로, 자원 제공자와 이해관계자로부터 많은 관심을 끌 수 있는 아이디어와 제품화의 중간 단계이다. 주로 연구자, 대학·연구 기관, 중소기업 등이 주된 역할을 수행하고 있지만 많은 경우에 이해관계자를 설득하는 과정에서 실패한다. 이해관계자가 사업화 가능성을 판단하기 어려운 이유는 기술적 원인의 불완전한 규명, 신기술의 미래 발전 경로 및 속도의 불확실성, 시장 기회의 실현 시점 추정의 어려움 등 때문이다.

시연(Demonstration) 단계는 신기술을 시장에서 판매 가능한 제품이나 공정으로 구현하는 단계로, 단순히 기술적 가능성을 입증하는 것으로 끝나지 않는다. 시연은 시장 진입 시점에 해당 제품의 개념이 시장 수요에 부합해야 하는 것까지 포함한다. 따라서 많은 경우에 이 단계에서 사업화의 시간 지연이 발생된다. 본 단계가 성공하기 위해서는 차별적인 제품 디자인과 제품 출시의 적시성을 확보해야 한다.

촉진(Promoting) 단계는 신기술 제품의 시장 진입에 따른 시장 수용성을 높이는 단계로, 고객에 대한 구체적인 설득 과정과 사회·경제적인 인프라 조성 과정을 포함한다. 잠재 고객이 새로운 제품을 수용하기 위하여 관련 기법, 절차, 기준 등을 완전히 새롭게 습득해야 한다면 설득 과정이 쉽지 않을 것이다. 시장 수요자들이 제안한 의견을 수렴하여 제품의 특성이나 기능을 개선함으로서 구매자의 수용성을 높일 수 있을 것이다. 또한, 신기술을 이용하기 위해서는 새로운 인프라를 구축해야 하는 것도 시장 수용성을 저해하는 요소이다.

지속(Sustaining) 단계는 신기술을 이용한 제품이나 공정이 시장에서 지속적으로 존속하면서 발생하는 가치의 상당 부분을 전유하는 단계이다. 그러나 제품이나 기술의 급격한 진부화와 새로운 경쟁자 진입이 위협 요소가 되며, 많은 신생 기업이 실패하는 단계이기도 하다.

기업은 지속적인 기술 혁신 활동을 통해 경쟁자보다 높은 비용상 우위를 확보하고 관련 기술 및 인프라에 대한 지속적인 투자, 제품 개선 등을 통해 진입 장벽을 높여야 한다. 이 단계에서는 비용 절감, 제품 개선, 경쟁 기술 출현 등을 주의해야 한다.

이와 같이 신기술의 가치를 증대시키는 일련의 5단계 활동은 기술 측면과 마케팅 측면의 문제 해결을 다루고 있다. 반면에, 4개의 전이 활동은 현 단계에서 후행 단계로 넘어가는데 필요한 가치를 축적하는 것과 후행 단계에서 필요한 자원을 조달하는 것 모두를 포함한다. 기술 사업화를 추진하면서 간과해서는 안 되는 3가지 핵심 요인은 기술성, 시장성, 사업성이다.

첫째, 기술사업화를 위해서는 '기술성'이 가장 먼저 확보되어야 한다. 사업화하려는 기술이 우수해야 한다. 기술에 대한 우수성은 기술 수준, 지재권 확보 여부, 표준화 및 인증 단계, 제품 완성도, 대체 기술 여부 등에 따라 결정된다.

둘째, '시장성'이 확보되어야 한다. 기술성이 우수하더라도 그 기술을 활용할 시장이 없다면 그 기술은 무용지물이 되고 마는 것이다. 시장성 분석은 신뢰성 있는 시장 자료가 근거가 되어야 한다. 또한, 시장 지역에 대한 문화 등 제반 여건을 고려해야 하기 때문에 정확한 분석이 어렵다 할 수 있다.

마지막으로 기술성과 시장성이 있다하더라도 어떻게 사업화를 추진할 것인지에 따라 '사업성'이 완전히 달라질 수 있다. 대체 기술 등 진입 장벽 해소 방안, 경쟁 관계 등을 고려한 생산과 마케팅 전략, 원자재 공급 및 핵심 부품의 안정적 조달방안, 제품의 수명 주기 등을 고려한 사업 투자 경제성 분석 등이 이루어져야 한다.

[그림 3-3] 기술 사업화 부가 가치 창출 형태

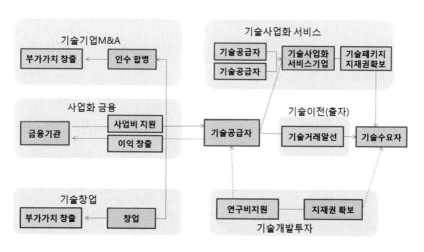

기술 사업화 부가 가치 창출 형태는 [그림 3-3]과 같이 기술 개발 투자, 기술 이전(출자) 기술 창업, 기술 사업화 서비스, 사업화 금융, 그리고 기술 기업 M&A로 구분할 수 있다.

첫째로 기술 사업화의 가장 앞선 단계는 기술 개발 단계다. 대부분 국가에서 초기 기술 개발 단계는 국가가 적극적으로 지원하고 있다. 그러나 최근 기술 사업화 과정이 기술 개발 단계별로 추진되지 않고 동시에 사업화가 추진되고 있어 기업에서는 기술 사업화 전략 중 한 가지 방법으로 외부 연구자에게 연구비를 지원하고, 지재권을 확보하는 형태의 기술 사업화가 많이 이루어지고 있다.

둘째, 기술 공급자와 기술 수요자 사이에서 개발된 기술의 거래 알선을 통하여 이익을 창출하는 방법이다. 국내 대학, 연구 기관, 지역 Tp(테크노파크) 등에서는 기술 이전 및 기술 거래 업무를 담당하고 있는 기술 이전 전담 조직이 설치·운영되고 있다. 10여 년 전부터 국내 민간 기업을 대상으로 기술 거래 기관을 지정하고 30여 개 기업이 활동하고 있으나 아직 기술 중계 시장은 많이 활성화되지 못하고 있는 실정이다.

셋째, 기술 창업에 의한 사업화다. 기술 창업이란 기술을 보유한 자가 직·간접으로 기업 운영에 참여하는 형태이다. 대학, 공공 연구 기관 등은 우수 기술에 대해 기술 출자 방식 또는 연구원의 스핀오프(Spin-Off) 방식으로 보유 기술의 사업화를 추진하여 기술의 부가

21세기 기술 사업화

가치 창출을 극대화할 수 있다.

넷째, 향후 지재권 중심 사회에서 중요한 역할을 맡게 될 기술 사업화 서비스 기업에 의한 간접적인 기술 사업화를 들 수 있다. 기술 사업화 특성상 높은 실패율이 문제점으로 지적되는데 따라서 기술 사업화를 효율적으로 추진하고, 성공 가능성을 높이기 위한 방법으로 시장 분석과 특허 분석을 통한 전문적인 기술 사업화 전략 수립이 매우 중요하다. 이를 위해 시장 중심의 기술 가치 평가, 기술 패키징, 기술 사업화 기획, 기술 거래 알선, 기술 디자인, 사업화 컨설팅 등 제반 기술 서비스 활동을 전문적으로 수행하는 기술 사업화 서비스 기업을 활용하여 이익을 창출하는 간접적인 기술 사업화 형태가 점차 중요시되고 있다.

다섯째, 기술 금융 부문이다. 기술 창업 초기 단계에서 실용화 개발 등을 위한 창업 자금이 필요하고, 마케팅, 양산 단계에서는 운영 자금이 필요하며, 기업 성장 단계에서는 일반 금융 기관으로부터 지속적인 사업화 자금이 공급될 수 있어야 성공적인 사업화가 이루어진다. 그러나 기술 사업화에 대한 투자 기관은 성공 가능성이 높은 기술 기업을 선별하여 제한적인 지원을 한다. 기술 사업화에 대한 투자는 고수익을 기대할 수 있지만 그만큼 위험 부담이 크기 때문이다.

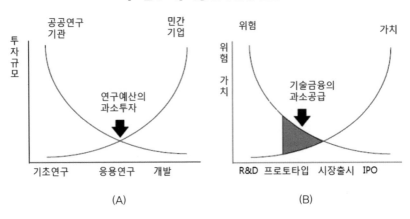

[그림 3-4] 시장 실패 발생 원인

(A)

(B)

여섯째, 중소기업에 대한 M&A는 기술 사업화의 마지막 단계라 할 수 있다. 창업 초기 중소기업 자본 조달을 용이하게 하기 위해 중소기업 M&A는 제도적으로 매우 중요한 부분이다. 기술 사업화 실패 요인은 시장 실패와 시스템 실패로 구분할 수 있다. 시장 실패는 기술과 관련한 시장에 내재하는 불확실성과 기술 사업화 과정에서 발생하는 경제적 가치의 독점성이 불완전하여 초기 사업화 단계에서 과소 투자가 발생함을 의미한다. R&D 투자 측면에서는 기술 개발에 내재하는 위험, 불확실성과 경제적 가치의 독점성 문제로 인한 사적 수익률과 사회적 수익률 간의 격차 때문에 초기 사업화 단계의 응용 연구에 충분한 투자가 이루어지지 않고 과소 투자가 발생한다. 기술 금융의 공급 측면에서는 그림 [그림 3-4](B)와 같이 위험 수준이 가치 수준보다 큰 초기 사업화 단계에 모험 자본 등의 과소 공급이 발생한다. 더욱이, 창업 투자 회사 등의 투자자는 3~4년 내에 투자 자금을 회수하고자 하는 반면에, 기술 사업화의 과정은 이보다 더 오랜 기간이 소요되고 있다.

시스템 실패는 기술 사업화 과정에서 관련 투자가 이루어지고 있음에도 불구하고 구조적 제도적인 불완전성으로 인하여 혁신 주체 간에 상호 작용을 수행하는 광범위한 영역에서 비효율성(Suboptimality)이 발생한다는 뜻이다. 주로 정보의 비대칭 현상으로 인한 도덕적 해이, 이해 상충의 문제 등의 다양한 형태가 나타난다.

시스템 실패의 주요 원인은 기술 가치 인식의 차이로 인한 기술 이전 기회 상실(Conflict Of Technology Value), 기술 이전·사업화 의욕 부족(Lack Of Incentives), 기술 이전(거래) 시장의 질적 저하(Bad Technology Drives Out Good One), 그리고 공공 연구 기관 소속 직원의 이해 상충의 상황(Conflict Of Interests) 등을 꼽을 수 있다.

기술 가치 인식의 차이로 기술 이전 기회의 상실에서 공공 연구 기관은 기술 도입자에 비하여 보유 기술의 사업화 가치를 과대평가하는 경향을 가지므로 기술료 협상이 결렬될 가능성이 있다. 더욱이, 공공 연구 기관은 기술 사업화에 따른 위험 부담을 회피하기 위하여 기술료 방식으로 높은 비중의 선급금(Down Payment)이나 일시금(Lump-Sum Payment)을 요구할 가능성이 있다.

기술 이전·사업화 의욕 부족(Lack Of Incentives)에서는 공공 연구 기관의 기술 이전 및 사업화 과정에서 공공 연구 기관(주인)과 기술 이전 전담 인력 혹은 연구자(대리인) 간의 정보(의) 비대칭 현상으로 인해 대리인의 도덕적 해이가 일어날 수 있다. 행정·사무직 기술 이전 전담 인력의 경우, 성과와 무관한 보수를 받는 반면에 '기술 이전에의 공헌 노력'의 관측이 용이하지 않으므로 업무에 최선을 다하지 않는 도덕적 해이에 빠질 수 있다. 효과적인 기술 사업화를 위해서는 '권리의 이전'에 국한되지 않고 기술 전수를 통한 '적용 방법의 이전'이 중요함에도 불구하고, 기술 전수 노력의 관측이 용이하지 않으므로 발명자의 적극적 참여를 이끌어 내기 어렵다.

기술 이전(거래) 시장의 질적 저하(Bad Technology Drives Out Good One)에서 공공 연구 기관은 사업화 가능성이 높은 기술은 직접 관리하고, 그렇지 않은 기술은 기술 중개조직에 공개함으로써, 기술거래 시장에는 사업화 가능성이 낮은 기술만 유통될 수 있다. 더욱이, 대부분의 R&D 과제에 민간 기업이 함께 참여하고 있어 기술 도입자가 사전에 정해져 있는 경우가 많다. 민간 기업의 경우, 기술 보유자는 양질의 기술을 공개할 경우 경쟁사나 후발 업체들이 그 기술 개념을 응용해 새로운 기술들을 개발할 수 있으므로 이를 회피하는 경향을 보일 수 있다.

공공 연구 기관 소속 직원의 이해 상충(Conflict Of Interests)에서 공공 연구 기관의 경우, 연구자 등 직원의 공적인 역할과 개인 이익 간의 충돌, 즉 해당 직원이 업무 수행에 부당하게 영향을 줄 수 있는 개인적 이해관계를 가지고 있는 상황이 발생할 수 있다. 예를 들어, 해당 직원이 기술 도입 기업과 관련된 이해관계(지분 보유, 친인척 관계 등)가 있는 경우에는 기술의 이전 대가를 고의로 과소 평가할 수 있다. 또한, 해당 연구자가 이해관계가 있는 기업에게 연구 용역을 위탁하거나 그 기업으로부터 높은 가격으로 연구 장비를 도입할 수도 있는 것이다.

〈표 3-1〉은 국내 법령에서 기술 사업화에 대한 정의를 요약한 것으로 사업화와 유사한 의미로 상용화, 실용화, 기업화 등의 용어들이 혼용되어 사용하고 있다.[17]

〈표 3-1〉 국내 법령을 토대로 한 기술 사업화의 정의

관련 법령	주요 내용
「기술 이전 촉진법」	"'사업화'라 함은 개발된 기술을 이용하여 제품의 개발, 생산 및 판매를 수행하거나 그 과정의 관련 기술의 향상에 적용하는 것을 말한다"로 규정(제12 조)
「산업 발전법」	"정부는 개발된 기술을 응용하여 이를 실용화하는 사업자 및 이에 대한 출자를 주된 사업으로 하는 자를 육성하기 위하여 필요한 시책을 강구"하도록 하고 있고(제26 조), 산업발전법 개발된 기술의 실용화를 촉진하기 위한 사업으로 '실용화를 지원하는 전문 기관의 육성, 실용화에 의해 생산된 제품의 판매 촉진, 특허/실용신안/의장 기술의 실용화 촉진, 개발된 기술의 실용화에 필요한 인력/정보/시설/자금 등의 지원 및 기술 지도, 개발된 기술을 실용화하여 생산되는 제품의 기술 및 품질에 대한 인증 등'으로 규정(제26 조 및 동법 시행령 제28 조)

---

17) 이원훈, "IT 중소 벤처 기업의 기술 사업화 전략 모델 개발", 건국대학교 대학원 박사학위논문, 2008. 5. (15page)

「특허법」	실시에 대하여 다음과 같은 행위로 정의(제2 조) –물건의 발명인 경우에는 '그 물건을 생산/시용/양도/대여 또는 수입하거나 그 물건의 양도 또는 대여의 청약 양도 또는 대여를 위한 전시를 포함하는 행위 등' –방법의 발명인 경우에는 "그 방법을 사용하는 행위"
「기술 개발 촉진법」	"'사업화'라 함은 개발된 기술을 이용하여 제품의 개발, 생산 및 판매를 수행하거나 그 과정의 관련 기술의 향상에 적용하는 것을 말한다."로 규정(제12 조) 기술 개발이라 함은 "산업 기술의 연구 및 그 성과를 이용하여 재료/제품/장치시스템 및 공정 등에 적용할 수 있는 새로운 방법을 찾아내는 활동을 말하며 시범 제작 및 공업화 중간 시험의 과정까지를 포함한다"고 규정(제2 조), "정부는 기술 개발의 성과 또는 도입 기술의 소화 개량에 의하여 국내에서 최초로 기업화하는 자 및 기술 개발을 위하여 시험 연구용의 물품을 구입하거나 연구 시설의 설치를 하고자 하는 자에 대하여 재정/금융 지원 등 기술 재개발을 장려하기 위한 지원 시책을 강구"하도록 규정(제3 조)

2. 기술 사업화의 유형

기술 사업화의 개념이 다양하고, 포괄적인 만큼 기술 사업화의 유형도 다양할 수밖에 없는데 우선 공공 부문인가, 민간 부문인가에 따라 크게 성격이 크게 달라지며, 사업 형태(창업, 기술 이전, Spin-Off, 연구 개발 용역 등)에 의해서도 그 차이가 난다. 또 사업 주체가 연구원인가, 교수인가. 기업가인가에 따라서도 다르다. 기술 사업화 유형을 공공 부문과 민간 부문으로 구분하고, 이를 다시 사업화 주체 및 당사자를 기준으로 세분화하여 〈표 3-2〉에 제시했다.[18]

〈표 3-2〉 기술 사업화의 유형

구분 및 사업화 유형 내용		내용
공공 부문 공공 부문	공공 기술 이전 사업화	정부R&D 자금의 투입으로 개발된 기술을 민간 기업에 이전하여 사업화하는 것으로 정부R&D 사업의 효율성과 경제적 효과를 높이기 위한 방안
	공공 기술 개발자 창업	대학, 공공 연구 기관이 주관이 되어 개발한 기술 개발에 참여한 교수, 연구원 등으로 하여금 창업 및 사업화 하도록 하는 방법
민간 부문 민간 부문	자체 기술 사업화	민간 기업이 자체 개발하였거나 공동으로 개발한 기술을 직접 제품화하여 판매하는 방안
	이전 기술 사업화	기술의 판매 희망자와 (기술의) 구매 희망자가 연결뇌어 민간 부문에서 해당 기술의 거래가 이루어지고, 이를 사업화하는 방안

---

18) 이도형, 전게서, (16page)

3. 국가 연구 개발 사업의 사업화

국가 연구 개발 사업에서의 사업화에 대한 정의는 기술의 이전 및 사업화 촉진에 관한 법률에서 기술을 이용하여 제품의 개발 생산 및 판매를 하거나 그 과정의 관련 기술을 향상시키는 것으로 정의할 수 있다.

정부는 국가 경쟁력 강화 및 창조 경제 기반 강화를 위해 국가 연구 개발 사업을 수행하고 있으며, 정부의 R&D 투자는 일반적으로 연구 개발 예산 투자를 통해 창출되는 연구 성과물을 지적 자산화하고, 기술 이전을 통해 사업화가 이루어지거나 창업 및 보육을 통하여 기업의 사업화가 활발히 이루어져 시장 창출 및 진입을 통해 기업이 성장하고 경제가 성장할 수 있도록 하고 있다. 이러한 국가 연구 개발 사업의 투자 논리 모형은 [그림 3-5]와 같다.[19]

[그림 3-5] 국가 연구 개발 사업 투자 논리 모형

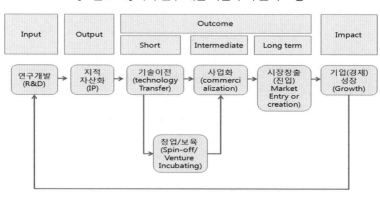

---

19) 이도형, 전게서 (29page)

4. 기술 사업화 관련 법률

(1) 개요

공공 연구 기관에 귀속된 기술 자산을 민간 부문에 이전하여 사업화를 촉진하고, 민간 부문에서 개발된 신기술이 원활히 거래될 수 있도록 관련 정책을 수립·추진할 필요성이 제기됨에 따라 정부는 1999년 법률 제정을 추진하여 2001년 1월부터 「기술 이전 촉진법」을 시행하였다. 「기술 이전 촉진법」은 제정 이후 2006년 12월에 현재의 「기술의 이전 및 사업화 촉진에 관한 법률」로 법명이 개정되었다. 2014년 1월 제13 차 개정까지 기술 이전 및 사업화 촉진 계획 수립·시행, 기술 거래 기관 및 기술 평가 기관 지정·운영, 기술 이전 전담 조직 설치 및 기술 이전 전문 기관 육성·지원, 기술 거래사 제도 도입 등 기술 이전 촉진 재원 확보 및 기술 이전·사업화 기반 확충을 통한 기술 시장 활성화 관련 법률이다. 2000년 「기술 이전 촉진법」 제정 이후 2014년 1월 13 차 개정되기까지 변천 과정은 〈표 3-3〉과 같다.[20]

〈표 3-3〉 「기술의 이전 및 사업화 촉진에 관한 법률」 변천 과정

년도	제정 및 개정 내용
2000. 1. 28.	-「기술 이전 촉진법」 제정(법률 제6229 호)

20) 이길우, 전게서, (18~22page)

2001.12.31.	−「기술 이전 촉진법」 제정(법률 제6229 호)
	−기술 이전 촉진에 관한 법률 일부 개정(법률 제6580 호) −국·공립 대학의 기술 이전 전담 조직(법인)에 연구 개발 성과를 귀속시키고, 자체 관리 및 수입금 활용이 가능하게 함
2004. 9. 23.	−타 법률 개정에 따라 법률 제7219 호로 일부 개정
	−「정부 출연 연구 기업 등의 설립·운영 및 육성에 관한 법률」이 「과학 기술 분야 정부 출연 연구 기관 등의 설립·운영 및 육성에 관한 법률」로 개정
2004.12.31.	−타 법률 개정에 따라 법률 제7289 호로 일부 개정
	−디자인의 창작을 장려하기 위해 "의장"이 "디자인" 「의장법」이 「디자인 보호법」으로 용어 변경
2006. 3. 3.	−타 법률 개정에 따라 법률 제7872 호로 일부 개정
	−효율적인 특허 출원과 보완을 목적으로 관련 법 개정
	−「실용신안법」 34조를 「실용신안법」 20조로 개정
2006.12. 28.	−「기술의 이전 및 사업화 촉진에 관한 법률」로 법명 전부 개정(법률 제8108 호)
	−기술의 이전·사업화 촉진 사업에 대한 연구 개발 관련 자금의 사용
	−기술의 이전·사업화에 관한 국제 협력 촉진
	−공공 연구 기관의 공공 기술 이전·사업화 촉진에 관한 자체 규정의 제정
	−공공 연구 기관의 기술 현물 출자에 대한 「상법」상의 특례 마련
	−기술 유동화 촉진 사업의 실시
	−기술 평가 기관의 기술 평가 정보 관리

2008. 2. 29.	−타 법률 개정에 따라 법률 제8852 호로 일부 개정
	−부처 통합에 따른「정부 조직법」전면 개정 내용을 반영
2008. 3. 21.	−「기술의 이전 및 사업화 촉진에 관한 법률」일부 개정(법률 제8934 호)
	−특허 신탁 관리업의 허가, 특허 신탁 관리 기관의 의무, 특허 신탁 관리 기관 등에 대한 제재 추가
2009. 1. 30.	−타 법률 개정에 따라 법률 제9369 호로 일부 개정
	−(구)한국기술거래소를 폐지하고 한국산업기술진흥원으로 통합
2009. 4. 1.	−「기술의 이전 및 사업화 촉진에 관한 법률」일부 개정 (법률 제9582 호)
	−기술 이전 사업화 정책 심의회 폐지
2009. 5. 21.	−「기술의 이전 및 사업화 촉진에 관한 법률」일부 개정 (법률 제9689 호)
	−평가 기관 지정 취소 강화
2010. 4. 12.	−「기술의 이전 및 사업화 촉진에 관한 법률」일부 개정(법률 제10251 호)
	−공공 연구 기관 첨단 기술 지주 회사 및 출자 회사의 설립·운영 및 지원 규정 마련
	−신탁 관리업이 취급하는 신탁 재산의 확대
	−기술 사업화 전문 회사에 대한 지정 제도 도입
	−공공 기술의 국가 기부 체납 제도 마련

	−타 법률 개정에 따라 법률 제11232 호로 일부 개정
2012. 1. 26.	−기술 신탁 관리업을 하려는 자가 허가 요건을 갖추지 못한 경우 등을 제외하고는 원칙적으로 허가
	−기술 신탁 관리업에 대한 진입 장벽을 낮추고 시장 활성화 도모
	−현행 제도의 운영상 나타난 일부 미비점을 개선·보완
2014. 1. 21.	−민법의 개정으로 인한 후견 제도 변경 반영

* 자료 : 지식경제부 · 한국산업기술진흥원(2011), 2010년 기술 이전 · 사업화 백서 내용 추가

(2) 기술 사업화 관련 기타 법률

기술 이전 · 사업화 활성화를 위해 정부는 「기술의 이전 및 사업화 촉진에 관한 법률」을 중심으로 각 분야 특성을 고려한 법률을 제정 및 운영하고 있다. 여기에서는 〈표 3-4〉와 같이 기술 이전 · 사업화 관련 법률 중 촉진 정책과 밀접한 관련이 있는 「산업 기술 혁신 촉진 법」, 「대덕 연구 개발 특구 등의 육성에 관한 특별법」, 「벤처 기업 육성에 관한 특별 조치법」, 「중소기업 창업 지원법」, 「발명 진흥법」, 「산업 발전법」 등 6개 법률과 〈표 3-5〉과 같이 「기술 신용 보증 기금법」 등 기타 법률에 대해서 간략하게 정리하였다.

21세기 기술 사업화

〈표 3-4〉 기술 이전 · 사업화 관련 법률

법률	구분	주요 내용
「산업 기술 혁신 촉진법」	정부의 전반적 역할 규정	-정부에게 산업 기술 혁신 성과의 확산 및 보호, 기술이전 사업화에 관한 종합적인 시책을 강구할 의무를 부여 -5년 단위의 산업 기술 혁신 계획 및 연도별 시행 계획 수립
	개발된 기술의 사업화 촉진	-신기술의 사업화 및 보육, 사업화 지원 전문 기관의 육성, 사업화 제품의 판매 촉진, 산업 기술 개발성과의 후속개발 등을 지원 -육성하는 사업을 실시토록 규정 -신제품 인증 및 공공 기관의 구매 촉진
「대덕 연구 개발 특구 등의 육성 에관한 특별법」	연구 개발 및 사업화 강화	-특구 연구 개발 성과의 사업화 기반 구축 추진 -연구 개발 서비스업 육성, 기술 거래 시장 등과 연계 촉진 -연구소 기업 설립, 출연 연구 기관의 혁신 역량 강화 -특구 육성 사업 등 다양한 기술 사업화 촉진 사업의 추진 -특구 육성 사업 등 다양한 기술 사업화 촉진 사업의 추진 -특구 투자 기업에 대한 고용 보조금 및 교육훈련 보조금지급 -세제 지원 및 부담금 감면의 특례 등
「대덕 연구 개발 특구 등의 육성에 관한 특별법」	특구 운영 성과의 확산	-특구 내외 대학·연구소·기업과의 공동 연구/교류 활성화 -특구 기술 정보 체계의 구축 및 타 DB와의 연계
	외국인 투자 활성화	-외국인 투자 기업 및 외국 연구 기관에 대한 세제/자금 지원

「벤처 기업 육성에 관한 특별 조치법」「벤처 기업 육성에 관한 특별 조치법」	벤처기업 창업 촉진 및 진흥	−모태 조합 결성, 투자 조합 결성, 신기술 창업 전문 회사 설립, 개인 투자조합 결성, 벤처기업 지정 등 −대학 및 출연(연)의 벤처기업 겸임·겸직 허용
	각종 특례 지원	−기술 보증 기금의 우선 보증 −벤처 기업에 대한 지식 재산권 현물 출자 허용 −자본금 규모, 조세 감면, 창업 보육 센터 등과 관련된 특례 제도 운영
「중소기업 창업 지원법」「중소기업 창업 지원법」「중소기업 창업 지원법」	중소기업 창업 투자회사/조합	−창업 투자 회사/조합에 대한 기금의 우선 지원 −창업 투자 회사/조합의 등록, 투자 의무, 행위 제한 등
	중소기업 상담 회사	−사업성 평가, 경영/기술 향상 지원, 자금/사업 알선, 창업 대행 등을 영위하는 회사를 상담 회사로 등록 −용역비의 일부를 지원
	창업 절차 관련	−사업 계획 승인 및 다른 법률과의 관계 규정 −창업 진흥 전담 조직의 설치
「발명 진흥법」	발명 활동의 진작 및 발명 성과 권리화 촉진	−특허 관리 전담 부서의 효율적인 설치·운영에 필요한 지원 시책을 수립·시행 −신속한 권리화 촉진을 위해 출원 및 등록 비용의 경감
	우수 발명의 사업화 촉진	−발명 평가 전문 기관 지정을 통한 기술성·상업성 평가 지원 −우수한 평가결과의 사업화추진시 필요한 자금을 우선 지원하는 금융 지원 체계 운영 −지식 재산권의 양도 및 실시 등에 따라 발생되는 소득이나 비용에 대한 세제상의 지원 등

21세기 기술 사업화

	기술 이전 및 사업화 알선 및 제도적 지원	−한국발명진흥회 소속 특허 기술 사업화 알선 센터 설치 −지식 재산권에 대한 공동 소유 또는 통상 실시권의 상호 허여를 촉진하기 위하여 필요한 지원 시책을 수립·시행
「산업 발전법」	산업 발전 시책 강구	−산업의 지식기반화 촉진 −산업간 및 국제간 산업협력의 증진
	기업구조조정 전문 회사	−구조조정 전문 회사의 지정 및 조합의 등록/취소 −구조조정 전문 조합에 대한 기금 출자 및 특례

〈표 3−5〉 기타 기술 이전 · 사업화 관련 법률

법률	주요 내용
「기술 신용 보증 기금법」	−신기술 사업에 대한 원활한 자금 공급 지원 −금융위원회 설치 및 금융 정책과 감독 집행 사항 구분
「대·중소기업 상생 협력 촉진에 관한 법률」	−대기업·중소기업 간 양극화 해소를 통한 동반 성장 촉진 −대기업·중소기업 간 공동 기술 개발, 대기업의 구매 약정 −대기업의 특허권의 중소기업 이전
「민군 겸용 기술 개발 촉진법」	−군사 부문과 비군사 부문 간의 기술 이전 확대 −민·군용 겸용 기술 개발 사업 추진 및 지원 −민·군용 겸용 기술 개발 사업에 대한 비밀 누설 시 벌금 부과
「방위 사업법」	−국방 연구 개발 사업 성과의 소유권을 대학·출연(연) 등 주관 연구 기관에 부여

「산업 교육 진흥 및 산학 협력 촉진에 관한 법률」	−산업 교육 진흥 및 산학 협력 촉진 −산학 협력단 설립 및 운영, 지원 −산학 협력 기술 지주 회사의 재출자로 인한 자회사 설립 허가
「산업 기술 단지 지원에 관한 특례법」	−기업·대학·연구소 등의 공동 개발과 성과 사업화 촉진 −단지 조성에 필요한 입지, 자금, 기반 시설, 세제상의 혜택 지원 −산업 단지 개발 사업의 범위 확대 및 타 산업 단지로의 전환
「산업 기술의 유출 방지 및 보호에 관한 법률」	−기업·연구 기관·전문 기관·대학 등이 보유한 국가 핵심 기술의 해외 매각·기술이전시 사업 승인을 얻거나 신고 의무화
「산업 디자인 진흥법」	−산업 디자인 연구 및 개발 촉진 −산업 디자인 개발 촉진 사업 실시 및 지원
「신에너지 및 재생 에너지 개발·이용· 보급 촉진법」	−신에너지 및 재생에너지의 기술 개발 및 이용·보급 촉진 −국가 기관, 지방 자치 단체, 공공 기관, 대학, 연구 기관 등과 신·재생에너지 기술 개발 및 이용·보급 사업 −신·재생에너지 설비의 설치 의무화 대상 확대
「에너지 이용 합리화법」	−에너지 기술의 개발 및 보급 촉진 −에너지 기술 개발 사업·연구·개발 지원 및 성과 보급 및 홍보 −대기 전력 저감 대상 제품 지정, 고효율 에너지 기자재 인증 제도 도입
「전력 기술 관리법」	−전력 기술의 연구·개발 촉진 −전력 시설물 공사 감리 운영의 효율성을 위하여 감리원 배치 현황 신고 제도 및 공사 감리 완료 보고 제도 도입
「중소기업 진흥에 관한 법률」	−중소기업 구조 고도화, 경영 기반 확충을 통한 중소 기업 경쟁력 강화 및 국민 경제의 균형 발전 기여 −기술 지도, 연수, 국제화, 판로 지원 및 중진공 설치 운영 등 −중소기업 진흥 자금과 산업 기반 자금의 통합 운용

「중소기업 제품 구매 촉진 및 판로 지원에 관한 법률」	−중소기업 제품 구매 촉진·판로 지원을 통한 중소기업 경쟁력 강화 −기술 개발 제품 등 우선 구매 지정 제품에 대한 중소기업 간 제한 경쟁 또는 지명 경쟁 입찰을 통해 중소기업의 제품 구매
「항공 우주 산업 개발 촉진법」	−항공 우주 산업 지원·육성 및 항공 우주 과학 기술 연구 개발 촉진 −장기 저리 자금 및 연구 개발 사업비 지원 −특정 사업자 지정하여 육성할 필요가 있는 품목 생산 및 전문 검사 기관·수임 업체 지정 지원
「환경 친화적 산업 구조로의 전환 촉진에 관한 법률」	−환경 친화적 산업 구조 구축 촉진 및 에너지·자원 절약 −기술 개발 사업 추진 기관 지정하여 지원, 기관의 성과 생산과정 활용 및 기술료 징수 −제품 서비스화 산업 지원, 생태 산업 단지 제도 및 운영 전담기관 지정

5. 국가 연구 개발 사업의 기술 사업화 현황

(1) 개요

지식경제부와 한국지식재산연구원 및 한국산업기술진흥원이 공동으로 2011년에 수행한 기술 이전·사업화 현황 조사 결과에 따르면, 2010년 공공 연구 기관의 당해 년도 기술 이전 건수는 4,259건으로 전년도(3,486건)와 비교하여 22.8% 증가하였다. 동 조사 결과에서 공공 연구 기관의 누적 기술 이전율은 2010년 26.8%로 나타나, 2009년 25.9%, 2008년 23.5%, 2007년 22.4%에서 지속적으로 증가하는 추세를 보였고, 당해 연도 기술 이전율은 23.1%로 전년도에 비해 0.4% 증가하였으며 2008년 이후 지속적인 상승세를 보이고 있는 실정이다.[21]

〈표 3-6〉 공공 연구 기관 기술 이전 현황(2010년)

(단위 : 건, %)

구분	기술 보유 현황		기술 이전 현황		기술 이전율(%)	
	누적	2010년	누적	2010년	누적	2010년
전체	87,367	18,439	23,430	4,259	26.8%	23.1%
공공연구소	49,917	7,036	15,838	2,683	31.7%	38.1%
대학	37,450	11,403	7,592	1,576	20.3%	13.8%

---

21) 이길우, 전게서, (22~25page)

2012년 실시된 조사 결과 공공 연구 기관의 신규 기술은 8,262건, 대학의 신규 기술은 11,733건으로 총 19,995건으로 상승하였다.[22]

〈표 3-7〉 공공 연구 기관 기술 이전 현황(2011년)

구분	기술 보유 현황		기술 이전 현황		기술 이전율(%)	
	누적	2011년	누적	2011년	누적	2011년
전체	116,439	19,995	28,623	5,193	24.6%	26.0%
공공연구소	66,728	8,262	19,106	3,268	28.6%	39.6%
대학	49,711	11,733	9,517	1,925	19.1%	16.4%

기술 이전 계약 중 공공 연구 기관에서 대기업으로의 기술 이전은 7.6%, 중소기업으로 기술 이전은 88.3%이며, 이전된 기술 건수 기준으로 공공 연구 기관에서 대기업으로 기술 이전이 8.3%, 중소기업으로 기술이전이 87.9%로 나타났다. 기술 유형별 이전 기술은 특허 58.9%, 노하우 23.6%로 특허와 노하우가 주된 기술 이전 대상임을 보이고 있다.

공공 연구 기관 기술료 수입은 2007년부터 4년 연속 1천억 원을 달성하는 성과를 보였으며, 공공 연구소 기술료 수입은 918억 원으로 약 178억 원 증가하였고, 대학은 326.8억 원으로 약 50억 원 증가하

---

22) 한국산업진흥원, "2012년 기술 이전 · 사업화 조사 분석 자료집(공공 연구 기관)", 2012. 10, (10~16page)

였다. 연 10억 원 이상의 기술료 수입이 발생한 기관은 9개(2006년), 13개(2007년), 18개(2008년), 23개(2009년)에서 2010년에는 26개로 계속 증가하였으며, 전체적으로 대학 8개, 공공 연구소 18개가 10억 원 이상의 기술료 수입을 얻고 있다.

〈표 3-8〉 기술료 수입

(단위 : 백만 원)

구분	2005	2006	2007	2008	2009	2010
전체	68,730	82,030	104,413	128,786	101,667	124,514
공공 연구소	61,853	74,027	89,342	102,320	74,017	91,836
대학	6,877	8,003	15,071	26,466	27,650	32,678

기초기술연구회와 산업기술연구회 산하 27개 출연은 「기술 이전 촉진법」에 따라 기관별로 기술 이전 전담 조직(TLO)이 설치되어 있으며, TLO를 중심으로 기술 이전이 활발히 이루어지고 있다. 연구회 특성상 응용 및 개발 연구를 주로 수행하는 산업기술연구회 산하 출연(연)의 경우 기술 이전이 활성화되어 기술료 수입이 기초기술연구회에 비해 연평균 2.6배 이상 많은 편으로, 양 연구회의 27개 출연(연)은 연평균 386억 3천2백만 원의 기술료 수입을 얻고 있다.

<표 3-9> 연구회 산하 출연의 최근 5년간 기술료 수입 현황

(단위 : 백만 원)

기초기술연구회						전체 연평균 전체 연평균
2006	2007	2008	2009	2010	연평균	
6,010	12,138	16,731	42,462	29,207	21,310	38,632
산업기술연구회						
2006	2007	2008	2009	2010	연평균	
41,311	53,210	62,992	75,233	47,023	55,954	

우리나라 대학은 TLO를 중심으로 기술 이전과 사업화를 꾸준히 추진하고 있다. 대학의 기술 이전 실적은 특허 출원과 등록이 양적으로 확대되면서 매년 증가 추세에 있는데, 각 대학에서 기술 이전 실적에 대한 보상 제도와 지원 제도가 강화됨에 따라 이러한 추세는 계속 지속될 것으로 보인다. 한국연구재단에서 2009년 145개 대학을 대상으로 조사한 결과에 따르면, 2003년에 기술 이전 210건, 기술료 수입 1,973백만 원 수준에서 2009년에는 1,291건, 29,981백만 원으로 괄목할 만한 정도로 증가하였다.

<표 3-10> 연도별 대학의 기술 이전 실적 현황

(단위 : 건, 백만 원)

구분	2003	2004	2005	2006
기술 이전 건수 (증감율, %)	210	243 (15.7)	587 (141.6)	563 (-4.1)

기술 이전 수입 (증감율, %)	1,973	3,184 (61.4)	6,323 (98.6)	9,033 (42.9)
구분	2007	2008	2009	합계
기술 이전 건수 (증감율, %)	951 (68.9)	1,221 (28.4)	1,291 (5.7)	5,066
기술 이전 수입 (증감율, %)	16,415 (81.7)	27,752 (69.1)	29,981 (8.0)	94,661

국가과학기술위원회와 한국과학기술기획평가원에서 분석한 2010 년도 국가 연구 개발 사업 성과 분석 결과에 따르면, 중소기업과 대 기업의 경우 다른 연구 수행 주체로 기술 이전은 미미하고 대부분 "기존 업체에서 상품화"하는 형태로 사업화가 이루어지고 있다. 대기 업의 경우 "기존 업체에서 상품화"는 227건(91.2%), "기타 기술 이전" 은 21건(8.4%)이며, 중소기업은 더욱 그 차이가 심해 "기존 업체에서 상품화"가 5,145건(97.0%), "기타 기술이전"은 90건(1.7%), "기술 이전 에 의한 창업"은 10건(0.2%)이다.

국가 연구 개발 사업을 통해 기술이 이전된 현황을 살펴보기 위 한 자료는 충분하지 않다. 하지만 기업으로 기술을 이전한 결과물로 서 기술료 수입 결과를 분석한다면, 역으로 기업으로 기술 이전 현 황을 추정할 수 있을 것이다. 2010년 국가 연구 개발 사업 성과 분 석 보고서에 따르면, 중소기업에서 수행한 연구 개발 과제를 통해 가 장 많은 기술료 징수 건수 및 징수액이 발생하였다. 기술료 징수 건수를 기준으로 중소기업 67.3%(3,566건), 출연(연) 11.1%(587건), 국공립(연) 7.5%(398건), 대학 6.7%(354건), 대기업 5.2%(275건) 순이다. 기술료 징수 금액을 기준으로 하면 중소기업 34.8%(835.8억 원), 대기업 32.5%(780.5억 원), 출연(연) 24.0%(577.3억 원), 대학 4.6%(110.0억 원), 국공립(연) 0.5%(11.4억 원) 순이다.

기업이 연구 수행 주체인 산·산 협력 유형에서 발생한 기술료 징수액은 361.3억 원으로 전체의 16.8%를 차지하여 가장 높았으며, 산·학의 협력 유형을 통해 징수된 기술료는 346.3억 원으로 전체의 16.1%를 차지하여 두 번째로 높은 수준을 보이고 있다.

2010년 국가 연구 개발 사업에 참여한 연구 수행 주체 분포를 살펴보면, 기업은 대부분 중소기업청과 지식경제부 과제를 수행하였다. 그리고 중소기업청은 대부분 과제를 중소기업에, 지식경제부는 중소기업과 대기업에 상대적으로 많은 과제를 발주하였다. 동년도 중소기업청 과제 수행 주체 비중은 중소기업이 77.8%(4,363억 원), 대학 11.4%(637억 원)이다. 동년도 지식경제부 과제 수행 주체 비중은 중소기업이 22.6%(10,011억 원), 대기업 15.3%(6,781억 원), 출연39.0%(17,306억 원) 순이었다.

중소기업청과 지식경제부 과제에서 전체 기술료 징수 성과의 70% 이상이 발생한 것은 이들 부처·청에서 상당 부분을 차지하는 중소기업과 대기업으로부터 발생한 기술료 징수 성과가 다수를 차지하기 때문이라고 볼 수 있다. 2010년 부처·청별 기술료 징수 건수는 중소기업청 45.0%, 지식경제부 34.7%이며, 기술료 징수 금액은 지식경제부 59.7%, 중소기업청 11.5%로서 기술료 징수 건수와 금액 모두 전체의 70%를 상회한다. 이는 중소기업청과 지식경제부가 기술 실시 여부와 무관하게 연구 개발 과제의 최종 평가 결과에 따라 기술료를 징수하기 때문이다. 중소기업의 경우 "성공" 또는 "조기 완료"로 판정될 경우 출연금의 20%를 정액 기술료로 징수할 수 있도록 규정하고 있기 때문이다.

(2) 기술 사업화 예산

정부는 국가 차원의 고도성장을 위한 R&D 투자에 노력해 왔다. 기술의 양적 성장을 위해 기술을 생산해 내는 것에 많은 예산이 투입되었다. 그 결과 실질적으로 많은 기술이 생산되었으나 생산된 기술을 활용하는 전략은 상대적으로 미흡했다. 이러한 현상을 가장 단편적으로 볼 수 있는 것이 정부 R&D 예산 중 사업화 예산을 살펴보는 것이다. 〈표 3-11〉에서 제시된 바와 같이 기술 사업화 지원 사업을 수행하는 주요 부처의 예산을 보면 2007년 713억 원, 2008년 746억 원 규모로 전체 R&D 예산의 약 0.7% 수준에 불과한 실정이다.[23]

이러한 추이는 투입된 R&D 예산 중 약 60% 규모가 사업비 예산

---

23) 손수정, 이윤준, 정승인, 임채윤, "기술 사업화 촉진을 위한 기술 시장 메커니즘 활성화 방안", 과학기술정책연구원, 2009. 12.(55~61page)

21세기 기술 사업화

이라는 가정하에 산출하여도 1% 수준에 불과하다. 또한, 정부 기술 사업화 관련 예산 규모가 낮을 뿐 아니라 이러한 예산이 여러 개의 부처별로 산재되어 있어서, 중복 사업 시행 등으로 인해 한정된 자원 활용의 효율성이 부족하며, 이로 인해 사업의 파급 효과 측면에서도 한계점을 갖는 문제점이 있다.

〈표 3-11〉 부처별 기술 사업화 자원 배분

부처	2007		2008	
	(억 원)	(%)	(억 원)	(%)
환경부	54.1	7.6	55	7.4
국토해양부	–	–	10	1.3
문화체육관광부	1.05	0.1	0.5	0.1
중소기업청	63.5	8.9	75	10.0
특허청	85.3	12.0	87	11.7
지식경제부	474.7	66.6	483.6	64.8
교육과학기술부	30	4.2	30	4.0
보건복지부	4.3	0.6	5.3	0.7
합계	712.95	100.0	746.4	100.0
국가 연구 개발 예산	97,629	0.7	108,423	0.7
	(사업비 대비)	1.2	(사업비 대비)	1.1

각 부처 사업화 예산의 R&D 투자 대비 비중을 보면, 2008년 기준 가장 높은 규모를 갖는 교육과학기술부의 경우 2조 9천억 원 R&D

예산 중 0.1%가 사업화에 소요되었다. 교육과학기술부 R&D 성격
상 기술 사업화에 연계된 사업이 부족할 수밖에 없다고 하더라도 사
업화의 영역이 단순히 시제품을 제작하고, 마케팅하는 것뿐 아니라
R&D 기획 단계에서부터 사업화 관련 전략을 반영하고 추가 기술 개
발 등이 포함되어야 한다는 측면에서 본다면 교육과학기술부의 사업
화 예산도 부족한 것이라고 볼 수 있다. 기술 사업화와 가장 밀접하
다고 볼 수 있는 지식경제부의 경우, 2조 4천억 원의 R&D 투입 중
1.8%를 사업화 예산으로 배정하고 있다. 가장 높은 사업화 예산 비
중을 갖는 부처는 중소기업청으로 전체 4천 3백억원 규모의 R&D 예
산 중 5.2%를 사업화 예산으로 두고 있다.

〈표 3-12〉 부처별 R&D 사업 비중(2008년 기준)

(단위 : 억 원, %)

부처	R&D 예산(A)	사업화 예산(B)	비중 (B/A)
지식경제부	23,932	420	1.8
교육과학기술부	29,080	30	0.1
보건복지부	981	5.3	0.5
환경부	1,885	55	2.9
국토해양부	4,733	10	0.2
문화체육관광부	169	0.5	0.3
중소기업청	4,300	225	5.2

* 자료 : 국가연구개발사업종합안내서(2008), 각 부처 예산 자료

21세기 기술 사업화

기술 사업화의 실질적인 유형별 예산을 보면, 2007년의 경우 기술 사업화 조직 관련 예산이 가장 높은 비중(18.6)을 차지하며, 다음으로 창업(17.7), 평가(16.4), 그리고 기획(15.4)의 순으로 나타나고 있다. 2008년의 경우, 평가(18.7) 지원이 가장 높게 이루어졌으며 다음으로 조직(18.1), 창업(17.5), 기획(14.7) 순으로 나타나고 있다.

이와 같은 조직, 창업, 평가, 기획 분야에 대한 지원에 전체 예산의 약 70%가 집중되고 있는 것으로 나타났다. 실험실 단계 기술에서 벗어나 실질적으로 시장에서 요구하는 기술로 개발하기 위한 추가 개발이나 홍보, 마케팅 등의 예산은 1% 내외를 보이는 것으로 나타나 실질적인 사업화 지원에는 너무나 미흡한 실정이다.

[그림 3-6] 기술 사업화 예산 지원 내역별 분포

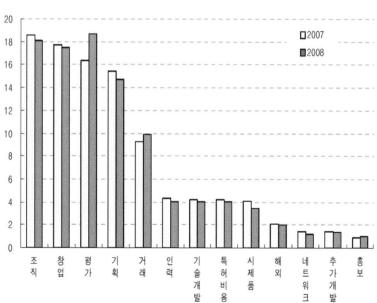

R&D 사업의 목표가 지식 창출에서 머무는 것이 아닌 '창출된 지식의 활용을 통한 경제적 부가 가치 창출'이므로, 연구실 기술의 시장 수요 기술로의 전환을 위한 기술 고도화 등의 사업화 전략이 아주 중요하다. 그럼에도 불구하고 정부 R&D 사업 중 사업화 관련 지원 사업은 매우 미흡하며, 시행되는 사업도 관련 정보 구축, 가치 평가지원, 인력 교육 등에 한정적으로 이루어지고 있어 시장에서의 가치 창출과 연계하기 위한 실질적인 기술이나 제품의 질적 수준 제고를 위한 사업화 지원 사업은 매우 미흡하다.

〈표 3-13〉에서 보는 바와 같이 주요 기술 사업화 지원 과제들이 지식경제부와 중소기업청 등에 의해 시행되고 있으나, 사업의 차별성을 파악하기 힘들며, 그 차이가 명확하지는 않다. 이들 지원 사업의 경우, 국가적으로 일원화된 지원 체제를 구축한다면 예산과 인력 집중화에 따른 규모의 경제, 범위의 경제 효과를 최대화할 수 있을 것이다.

〈표 3-13〉 주요 기술 사업화 지원 사업

구분	R&DB	공공 R&D 추가기술 개발	투자 연계형 개발	중소기업 이전 기술 개발	우수특허 기술 시제품 제작지원
사업 목표 사업 목표	신성장 산업 육성	중소기업 육성	중소기업 육성	중소기업 육성	중소기업 육성
	연구 성과 사업화 촉진 및 기술혁신형 중소기업 육성	공공R&D 상용화 성과 제고 및 중소벤처 기업육성	시장 니즈에 따른 기술 개발	공공기관 기술이전 실용화를 통해 중소기업 경쟁력강화	우수 특허 기술의 사업화 활성화

과제 구성 및 과제별 기술 개발 목표	−사업기획 (1단계) − 사업화 착수(2단계) 구성 −신규 창업형 (1−2단계), 혁신 기업형 (2단계)	사업화 추가 기술 개발, 상용 화 기획 및 컨설팅	중소기업 기 술혁신 개발 사업 기업협 동 기술개발 사업, 구매 조건부 신제 품 개발사업	선도 과제 실용 과제	시제품 제작
기술 단계	응용− 개발 단계	응용− 개발 단계	응용− 개발 단계	응용− 개발 단계	응용− 개발 단계
기대 성과 및 파급 효과	중소기업 보 유 우수 기술 가치 극대화, 국가경쟁력 강화	공공 R&D 기관보유 우수기술 가 치 극대화	시장 개척, 혁신형 중소 기업 성장	공공 R&D 기관 보유 우 수 기술 가치 극대화	개인·중소 기업보유 우 수기술 가치 극대화
사업 필요성	우수 유망 기 술이 활성화 되지 못하고 사장되어 버 리는 경우가 많음	공공R&D 성과물 활 용 미흡	중소기업 개 발기술의 활용이 미흡, 고부가 가치 제품화 역량 미흡	우수성과가 이전 사업화 되는 경우가 많으며 중소 기업의 기술 적 한계	시작품 제 작비용 부 족으로 기술 사업화 한계 직면
관련 부처	지식 경제부	지식 경제부	VC협회	중소 기업청	특허청

6. 주요국의 기술 사업화
현황 및 시사점

가. 미국

(1) 기술 사업화 관련 법과 제도

미국은 1980년 Stevenson-Wydler Technology Innovation Act에 의해 기술 이전을 연방 정부의 임무로 규정하면서 기술 사업화 촉진 정책을 활발하게 시행하고 있다. 특히 정부 R&D 성과를 연구 주체에게 이양하고(Bayh-Dole Act, 1980), 연구 개발 예산을 중소기업에 우선적으로 배정하며(Small Business Innovation Development Enhancement Act, 1982), 공동 연구 개발 성과의 경우 계약 기업에게 독점 실시 권한을 주는(National Technology Transfer And Advancement Act, 1995) 등 관련 법규를 제정함으로써 새로운 혁신 시스템을 추진하고 있다.[24]

Bayh-Dole Act는 연방 정부가 지원한 연구 개발 과제 결과로 창출된 발명·특허의 이용을 촉진하기 위하여 1980년 제정되었다. 특히 각 기관별로 제정 및 시행되었던 연구 개발과 기술 이전 관련 법률을 국가 차원에서 통일시켰다. 그리고 연구 개발과 기술 이전에 대한 정부 정책상 일관성을 확보하고, 민간에 정부 기술의 사업화를 촉진하는 유인

---

24) 이길우, 전게서, (26~36page)

책을 제공하였다. 또한, 정부 자금에 의한 발명에 대하여 대학, 비영리 기관 및 중소기업이 소유권을 취득하는 것을 허용하고, 정부 소유와 정부 운용 연구소(Gogo, Government Owned, Government Operated)의 특허에 대한 배타적 실시권을 설정하는 권한을 부여하였다. 게다가 미실시 발명은 민간에서 이용을 최초로 허용하여 대학에게는 미국 기업에 대한 독점 실시권을 인정하고, 그에 대한 수입을 전액 대학이 받을 수 있도록 함과 동시에 민간에게 라이센스를 부여할 경우 대기업이 실질적인 지원을 하지 않는 이상 중소기업에게 우선권을 부여하였다. 그러나 이는 대기업을 제외한 대학, 중소기업, 비영리 기관 등에 한정되어 실제 국가 경제에 미치는 파급 효과가 미흡하다는 평가를 받고 있다.

국가와 민간이 공동으로 개발한 특허권의 소유권 귀속 문제, 직무 발명 보상금 명확화 문제 및 개발된 특허권의 사업화 필요성이 대두되면서 연방 정부 및 연방 연구 기관 보유 기술의 활용 및 확산을 위하여 Stevenson-Wydler Technology Innovation Act가 1980년 제정되었다. 법률의 주요 내용은 기술 이전 정보의 원활한 유통을 위한 Ntis(National Technical Information Service) 내 연방기술이용센터(Cuft, The Center For The Utilization Of Federal Technology) 설립과 기술 이전 사무소인 연구 및 기술 응용실(Orta : Office Of Research And Technology Application)을 일정 규모의 연방 연구소에 설치하는 것을 규정하는 것이다.[25]

그리고 기술 이전을 위해 연구 예산의 일정액(0.5%) 이상 지출을 강

---

25) 이준재, "공공 연구 기관 특허 기술의 활용 촉진을 위한 제도적 개선 방안 연구", 충남대학교 대학원 특허학과 석사학위논문, 2007. 12.(80~86page)

제한과 동시에 기술 이전을 정부의 중요한 임무로 설정하고, 평가에 반영토록 하는 내용으로 구성되었다. Stevenson-Wydler Technology Innovation Act는 기술 이전을 연구 개발 주체의 필수적 활동으로 인식토록 하였으며, 연방 연구 기관 내에 기술 이전 센터를 정비함으로써 기술 이전 및 사업화의 기반을 조성하였다는 측면에서 큰 기여를 하였다. 반면, 연방 연구 기관에서 기술 이전 계약을 체결할 수 있는 명시적인 법적 권한을 부여하지 않음으로써 기술 이전 계약 체결 등 실질적인 기술 이전 활동은 미흡한 수준에 머무르는 한계를 보이기도 했다.

1982년 중소기업의 기술 혁신 및 사업화를 촉진하기 위한 정부 지원을 위해 Small Business Innovation Development Enhancement Act가 제정되었다. 이 법을 계기로 주요 부처별 연구 개발 예산의 일정 비율을 중소기업에 우선적으로 배분하는 Sbir(Small Business Innovation Research) 프로그램이 태동하게 되었다. 중소기업 연구 개발 특별 기금을 정부의 관련 부처가 마련하는 것을 의무화하고, 연방 기구들은 고유 임무 수행에 있어서 중소기업 기술 혁신으로 연계시킬 수 있도록 사업 예산의 일정 부분을 배정하도록 규정한 것이다.

Trademark Clarification Act는 Bayh-Dole Act가 개정된 법률로 대기업의 전용 실시권 제약을 철폐하여 대기업의 전용 실시권 설정을 가능하게 함으로써 민간 기업은 기업규 모에 관계없이 전용 실시권을 허용하도록 규정하였다. 특히 정부 소유, 민간 운영 연구소(Goco)

에 특허 라이센스 부여 결정권을 주었으며 계약자에 대해 연구 개발 · 장려금 · 교육 등의 목적을 위한 특허 로열티를 받는 것을 허가하였다. 또한, 대학 또는 공공 연구 기관 등 비영리 조직에 의해 운영되는 연구소는 일정한 범위 하에서 정부 연구 개발 자금으로 획득한 발명에 관한 권한 보유를 인정하고 있다.

Federal Technology Transfer Act는 Stevenson-Wydler Technology Innovation Act에 대한 수정 및 보완을 위한 법으로 1986년 제정되었다. 이를 통해 연방 연구 기관과 민간 기업 간 공동 연구를 수행하고 참여한 연구원이 사업화 개발 과정에 참여할 수 있도록 규정함과 동시에 연방 연구 기관 연구자에 대해 기술 이전을 의무로 부여하고, 개인 인사 평가 항목에 포함토록 하였다. 또한, 기술 이전 연방 연구소 컨소시엄(Flc, Federal Laboratory Consortium) 설립과 정관을 정하고, 운영 예산 각출 제도 설정과 각 부처 심사 하에 산하 Gogo 연구소 소장이 민관 공동 연구 개발(Crada, Cooperation R&D Agreements) 및 라이선스 계약 체결을 결정할 수 있도록 각 부처에 권한을 부여받았다. 이와 함께 정부 연구소와 공동 연구 개발을 통해 발생하는 기술에 대한 소유권과 라이선스와 관련하여 중소기업, 대기업과 연구소의 사전 계약이 허가되었으며 Gogo 연구소 소장은 라이선스 계약 교섭이 가능해졌다.

Executive Order 12591는 연방 연구소 및 기관이 기술 이전을 통해 대학과 민간 부문 지원을 주요 골자로, 연방 연구소 및 기관의 장이 연방 연구소, 대학, 민간 부문 간의 정보 교환 창구로서의 역할을 할 수 있는 인물을 파악하고 이러한 역할을 위임토록 요구하였다. 또한, 정부가 기술 이전에 보다 능동적으로 참여하고 Gogo가 법의 한도 내에서 가능한 모든 수준의 협약을 체결할 수 있도록 장려하였다. 이와 함께 연방 정부에 의해 일부 또는 전체 지원된 연구 결과에서 파생된 특허에 대해 정부가 비용 없이 사용할 수 있도록 하는 전제가 충족되는 한, 법이 정하는 범위 내에서 개발자에게 양도함으로써 연방 정부 자금을 사용하는 기술 사업화를 촉진하였다.

Omnibus Trade And Competitiveness Act는 연구 개발 성과 활용에 관해 공공 부문과 민간 부문 간 협력의 필요성을 강조하여 제조 기술의 이전을 위한 센터를 설치하고, 각 주에 Ies(Industrial Extension Services)와 특히 성공적인 주 및 지역 기술 프로그램에 대한 정보 센터도 설치하였다. 또한, 미국국립표준국(National Bureau Of Standards)을 미국국립표준기술원(Nist, National Institute Of Standards And Technology)으로 개칭하고 Flc의 주관 기관으로 삼는 등 기술 이전에 대한 역할을 확대하였다. 이 뿐만 아니라 연방 연구 기관에 근무하는 민간 연구자에 대해서도 로얄티 지불 의무를 확대하였으며, 교육부에 의해 관리되는 Ttt(Training Technology Transfer)센터도 공인하였다. 한편, Omnibus Trade And Competence Act는 중소기업의 하이테크 기술 개발을 위한 Atp(Advanced Technology Program, 1982)와 지원 기관들의 네트워크 지원을 위한 Mep(Manufacturing Extension Partnership, 1998)의 모태가 되는 중요한 법이다. 더불어 주 정부가 지역 기술 개발 프로그램을 추진토록 하는 것과 정보 청산소(Information Clearing House)를 설립하여 운영토록 규정하고 있다.

National Technology Transfer And Advancement Act 제정을 계기로 연방 연구소와 민간의 공동 연구 개발 협정 Crada(Cooperative Research And Development Agreement) 에서 발생하는 지식 재산에 관하여 사전에 교섭한 이용 분야는 민간 계약자에게 전용 실시권 취득에 대한 선택권을 부여하였다. 또한, 연방 연구소 연구자에 대해서 기술 이전에 따른 인센티브를 제고하기 위해 발명이 상업화된 경우에는 발명자에게 2,000달러를 준 후 로열티 수입의 15%를 발명자에게 지급하는 취지의 규정을 명문화하였다.

Small Business Technology Transfer Act는 연구소와 중소기업 간의 공동 연구를 통한 기술 이전과 거래를 촉진하고, 장려하기 위하여 제정된 법으로서 Small Business Technology Transfer Program(Sttr) 설립의 근거이다.

National Competitiveness Technology Transfer Act는 Gogo 연방 연구소에 대하여 Federal Technology Transfer Act와 같이 대학 및 민간과 공동 연구 활동을 포함한 기술 이전 등의 계약 체결을 허용하였으며, 공동 연구 개발 협정(Crada)에 참여한 민간 기업의 권리를 구체적으로 명시함으로써 민간 기업에 대해 공동 연구 및 기술 이전을 촉진하는 기반을 조성하였다. 또한, 공동 연구 개발에 사용되거나 그 성과로 산출된 정보 및 신기술을 비공개로 하는 것을 허가하고, 핵무기 연구소에 대하여도 기술 이전 임무를 부여하도록 규정했다.

Federal Technology Commercialization & Credit Enhancement Act 는 연방 정부 보유 기술의 사업화를 지원하기 위한 기술 이전 및 상업화 금융 지원 회사인 제3 섹터 법인이 설립되었고, 법인 설립으로 상업화 가능한 기술에 대한 Db를 구축하여 민간의 접근성을 용이하도록 했다.

(2) 기술 사업화 관련 정책

미국의 중소기업 기술 혁신 촉진 프로그램 Sbir(Small Business Innovation Research) Program은 중소기업 기술 혁신 및 신기술 사업화를 촉진시키기 위한 정책적 지원을 경쟁에 입각하여 미국 연방 정부가 시행하고 있는 정책이다. Sbir은 높은 기술을 보유한 중소기업의 정부 연구 개발 참여를 유도하기 위해 시작하였다. 연방 정부 R&D 예산 중 일부분을 중소기업 지원 자금으로 배정하여 중소기업 중요 연구·개발 수행을 지원하고, 기술 혁신 증진 및 정부 연구 개발 수요를 충족시키는 데 목적이 있다. 미국 중소기업청(Small Business Adiministration, Sba)은 Sbir 추진 방향 및 정책을 설정하고 매년 프로그램 진행 과정을 리뷰하여 보고서를 의회에 제출하며, 각 부처 Sbir 추진계획 등을 분기별로 취합하여 제공하고 있다. 한편, 각 부처는 Sba의 가이드라인에 따라 추진하기도 하지만 독자적으로 부처 임무에 적합한 내용으로 Sbir을 수행하며 부처 공동으로 Annual Sbir

21세기 기술 사업화

Conference를 개최하여 부처별 추진 방향, 평가 방법 등을 논의한다. Sbir 프로그램은 첨단 기술 분야의 중소기업을 육성함으로써 고용 창출 및 기술 경쟁력 제고를 위한 경제정책 측면이 강하다. 이에 일정 자격 요건을 갖추어야 하는데 우선 미국인 소유의 이윤을 추구하는 자국 내 기업이어야 하고, 종업원 500인 미만의 중소기업으로 연구 책임자는 그 기업에 의해 고용된 자여야 한다. 프로그램 수행은 아이디어에서 상업화까지 3단계로 구분하고 1, 2단계를 지원하는 체제로 추진한다. 이러한 단계별 지원 체계를 통한 Sbir 프로그램 참여 기업의 사업화 성공률은 약 35% 수준이며, 이는 실리콘밸리의 사업화 성공률이 3%인 점을 감안할 때 우리나라에서는 부러운 수준이다.

〈표 3-14〉 SBIR 프로그램 수행 단계

1단계 (Feasibility)	· 타당성 조사 : 아이디어 기술성 및 경제성 측면에서 가능성 검증 · 1년 이내의 기간 동안 25만 달러 내 지원

1단계 완료 시 ↓

2단계 (Development)	· 개발 : 시장 규모 등 사업적 성공 가능성 평가 · 2년 동안 상업화 직전 단계 기술 개발 추진, 75만 달러 내 지원

2단계 완료 시 ↓

3단계 (Commercialization)	· 상업화 : 연방 연구 개발 자금 지원 없이 민간 벤처 자금 유치 · 50만~200만 달러 지원(외부 자금)

Sbir 프로그램은 관련 법령인 Small Business Innovation Development Enhancement Act(1982)에 의해 한시적으로 추진되었으나 성공적인 중소기업 지원 프로그램으로 평가됨에 따라 1992년 및 1999년 2차례의 법 개정을 통해 지금까지 계속 추진되고 있으며, Sbir/Sttr Reauthorization Act(2008)에 의해 2022년까지 기간이 연장되었다.

Sttr(Small Business Technology Transfer) Program은 '중소기업 기술 혁신 및 신기술 사업화 지원'이라는 목적이라는 면에서 Sbir과 흡사하지만 대학, 연구 기관 등 공공 기술 혁신 주체와 기업 간 파트너십 개념을 도입함으로써 중소기업 기술 혁신을 촉진한다. 또한, 대학 및 연구 기관 등이 보유한 기술을 기술 이전하기 위한 프로그램으로 Sbir은 단독으로 지원하는 반면에 Sttr(Small Business Technology Transfer)은 타 기관 등과 공동으로 수행하여 수행 주체 면에서 다소 상이하다. 이에 따라 Sbir과 달리 수혜 대상 기업의 조건도 반드시 기업에서 연구 책임자가 나와야 하는 규정이 없으며, 상대 연구 기관의 규모에 대한 제한도 없다. 단, 공동 연구 기관은 자국 내 비영리 대학, 비영리 연구 조직, 연방 정부 연구 개발 센터로 국한되어 있다. Sttr도 Sbir과 마찬가지로 통상적으로 연례 보고서를 의회에 제출하고 있으며, 3단계 단계별 추진으로 연구비 지원 방식도 동일하나, 공동 연구비 한도액이 다소 상이하다. Small Business Technology Transfer Act에 의해 한시적으로 시행될 예정이었던 기술 이전 시범 사업이었으나 2008년 Sbir/Sttr Reauthorization Act 개정 후 2023년까지 연장되었다.

1980년대의 연구 개발 투자 위험이 매우 크지만 성공 시 경제적 파급 효과가 매우 큰 새로운 원천 기반 기술(Emerging And Enabling Technologies)에 대한 미국 기업의 연구 개발을 지원하기 위하여 1990년 Atp(Advanced Technology Program)가 시행되었다. 이는 특정 제품 개발 지원이 아닌, 여러 분야에 걸친 신제품, 신공정, 신서비스 등 혁신에 기반이 되는 원천 기술 개발을 지원하는 프로그램으로 특히 기술성과 사업성에 대한 엄격한 상호 평가(Peer Review)로 과제를 선정한다. 그리고 기술성보다 사업화를 통한 실질적인 국가 경제에 기여를 목표로 한다. 2007년 8월 부시 행정부에 의해 America Competes Act(2007)가 제정됨에 따라 미국의 경쟁력 확보 및 유지에 필요하다고 판단되는 중대한 분야의 고위험-고수익 연구를 통해 기술 혁신을 지원, 촉진 및 가속화하기 위하여 Tip(Technology Innovation Program)가 신설되었다. Tip에서는 Nist의 고위험 R&D 프로젝트 관련 예산의 50% 한도 내에서 중소기업 및 Joint Venture로 수혜 대상을 한정하여 대기업이 수행하거나 참여할 수 없도록 규정하고 있다. 특히, 의회에 보고하는 통상적인 연례 보고서 외에도, 최소 7명 이상의 기업 대표가 참여하는 Tip Advisory Board를 구성해 Tip 운영 전반에 대한 자문 및 연례 보고서를 의회에 제출한다.

Dttp(Domestic Technology Transfer Program)은 국가 안전 보장국(National Security Agency)이 운영하는 자체 기술 이전 프로그램으로 국가 안전 보장국 산하 연구 기관의 연구자가 개발한 최첨단 안보 관련 기술을 외부 기관과 공유하기 위한 공식적 기술 이전 메커니즘이다. 주로 중소기업을 대상으로 연구 개발 성과 가운데 상업화 가능성이 높고, 안보상 문제가 없는 기술을 주로 기술 이전한다. 기본적으로 협동 연구 및 개발 협약, 특허 및 라이센싱 협약, 기술 이전 공유 협약 등의 방법으로 이루어지며, 국가 안전 보장국의 기술을 이용해 협력 업체가 상품을 제조하며, 기술 프로파일 보고서를 주기적으로 발간·배포하여 이전 기술의 내용을 확인할 수 있다.

Mep(Manufacturing Extension Partnership)은 제조업의 지속적인 기술 혁신 및 경쟁력 제고를 목적으로 산·학·연·관 자원을 효과적으로 연계하기 위한 네트워크 구축 및 조정·조율을 위하여 미국국립표준기술원(Nist)에서 시행하는 중소 제조 기업체 기술 지원 프로그램이다. 이 프로그램은 중소 제조업체에 대한 기술 이전 및 기술 지원 촉진을 위한 생산 기술 센터의 역할을 수행한다. 특히 소규모 시범 공장 설립 및 교육·훈련 등을 통하여 첨단 생산 기술을 전파하고 중소기업을 대상으로 첨단 생산 설비의 대여 등 지원 사업 및 지역 내 효율적인 산·학·연·관 연계를 통해 기술 이전 및 보급을 추진하고 있다.

(3) 기술 사업화 관련 지원 기관

국가기술이전센터(Nttc)는 1989년 산업경쟁력 강화 기구로 미 의회에 의해 설립되었다. 주로 Nasa(National Aeronautics And Space Administration)와 연방 정부 등의 공적 자금에 의한 지원으로 창출된 R&D 성과를 기업적 가치와 연결해 주기 위한 정보 제공, 기술 평가, 산업체로 이전 및 사업화 업무를 수행한다. 또한, 미국 내 최고 수준의 기술 경영 전문가를 활용하여 기술 사업화 교육을 실시하며, 이는 기술 이전 기초부터 평가 실무, 협상과 특허 및 라이센싱을 포함한 기술 사업화 전 과정에서 이루어진다.

Nasa는 1992년부터 자체 보유 기술을 산업계에 확산하기 위해 미국 전역을 6개 권역으로 구분하여 각 권역별로 지역기술이전센터(Rttc : Regional Technology Transfer Center)를 설립해 운영하고 있다. 각 센터들은 주 및 지역의 요구를 충분히 이해하고, 수렴할 수 있도록 해당 주 및 지역 단위에서 운영되는 제휴 조직으로 이루어진 네트워크를 가지고 있다.

Rttc는 미국의 민간 기업이 Nasa, 연방 정부, 주 정부, 대학, 산업체 내 연구소의 과학 기술 및 시설을 이용할 수 있도록 지원하는 기관으로 각 지역 회사의 기술 관련 요구를 전국적인 합동 자료로부터 도출된 해결 방안과 연결시키는 일에 초점이 맞춰져 있다. 또한, 기술 사업화에 대한 서비스, 기술 이전 시 발생 가능한 문제점들에 대한 해결책 제시, 시장 조사, 정보 서비스를 시의적절하게 각 지역 간의 효과적인 네트워크를 통해 제공하여 이를 통해 기술 이전 촉진 역할을 수행하고 있다.

연방 기술 이전 컨소시엄(Flc : Federal Laboratory Consortium)은 연방 연구소의 전국적인 네트워크로, 1986년 전 국가적으로 기술 이전을 강화하기 위해 The Federal Technology Transfer Act(1986)에 의해 공식

적으로 설립되었다. 그리고 연방 연구소의 기술과 전문성을 시장과 연계시키는 전략을 개발하기 위한 포럼을 제공하고 있다. Flc 임무는 연방 연구소 R&D 성과가 미국 경제에 신속히 반영될 수 있도록 연방 행정청, 연구소 및 이들의 파트너를 지원하며 연구소 기술 및 기술 혁신의 상업적 가능성에 관한 연방 연구소 직원의 인식 제고를 위한 기법, 훈련 과정 및 기술 이전에 관한 자료를 개발하고 관리한다. 또한, 권리화된 연방정부 소유 원천 기술에 대한 사업화를 지원한다. 그러나, 자체 기술 이전 및 기술 평가를 수행하지 않고, 실제 기술 사업화는 협력 관계에 있는 업체(Ttg, Technology Transfer Group)가 수행하고 있어 연방 연구 기관과 협력 업체를 연계하는 Coordinator 역할만을 전담하고 있다.

전미대학기술관리협회(Autm, Association Of University Technology Managers)에 의하면 미국에는 거의 모든 대학에 기술 사업화 관련 조직(Tlo)이 있다. 이들은 1980년 Bayh-Dole Act에 의해 만들어졌으며 대학의 연구 개발 성과가 산업계로 이전·활용되기 시작하는 본격적인 계기가 되었다. Tlo는 대학의 중요한 수입원이자 연구를 촉진하는 기능을 담당하며, 대부분 부총장 관할 기관으로 대학 내에서도 매우 중요한 위치에 있다. 각 대학별로 기술이전 대상이 상이한데, 대학의 소유 구조 및 학풍, 공과 대학의 비중과 특성, Tlo 연혁 등에 의해 복합적으로 결정되고 있다. 대학의 기술 사업화 수입은 주로 기술 이전 및 라이센싱 수입과 투자로 인한 수입으로 구분되며, 주로 기초 연구의 비중이 응용 연구에 비해 큰 편이다. 수입 분배 구조는 전체

21세기 기술 사업화

80% 이상을 연구자 및 대학 연구에 재투자하고, Tlo 및 대학 본부에는 20% 미만을 배당하며, 나머지 일정 부분은 특허 등 지적 재산권 유지 비용으로 지출하고 있는 실정이다. 독립적인 기술 이전 전문 기관은 제3자 소유의 기술을 제3자에게 판매를 주선하므로 객관적인 기술 가치 판단 능력이 핵심 성공 요인이나, Tlo의 경우 대학 자체에서 이미 보유하고 있는 기술을 판매하는 방식이므로 효율적인 투자를 위한 정량적인 기술 가치 평가 방법론의 필요성은 크지 않다. 또한, 대학 Tlo는 Autm을 통해 기술 가치 평가, 전문가 양성 등의 기능을 수행하는 네트워크를 활용하고 있다.

기술 이전 사무소(Ott : Office Of Technology Transfer)는 Federal Technology Transfer Act 및 관련 법령에 의거, 연구 성과에 대한 관리와 활용을 촉진하고, 미국 국립보건원(Nih)과 미국 식품의약국(Fda)의 연구자의 발명과 혁신활동을 고취시키며, 연구 성과에 따른 지식 재산 평가, 보호, 라이센싱 등의 관리 및 기술 이전 업무를 담당한다. 연구 개발 성과에 따른 지식 재산과 이를 활용하기 위한 기술 이전 관련 정책 수립 및 지식 재산 관리 및 기술 이전에 관한 실무를 분리하여 수행하고 있다. 특히, 최근 생명과학 및 의학 분야의 특허 활동이 급증하면서 지적 재산권 침해 문제가 대두됨에 따라 이를 관리하기 위한 기술 이전 모니터링 조직이 새로 설치되었다.

(4) 기술 사업화 관련 실태 현황

전미대학기술관리협회(Autm : Association Of University Technology Managers)는

매년 미국 내 대학, 병원, 연구 기관에서의 기술 이전 활동에 대한 현황 파악을 위해 1991년 이후 매년 조사를 실시하고 있다. Autm은 미국 대학 연구 개발 성과의 사업화 추진을 목적으로 1974년 설립된 비영리 단체로 교육과 훈련 및 커뮤니케이션을 통하여 세계적인 대학의 기술을 이전시키도록 지원하고 있다. 다음 내용은 미국 기술 이전 활동 조사(Fy 2009) 결과로 322개의 기관을 대상으로 조사 응답 기관은 181개 (56.2% 응답률 ; 대학 153개, 병원 및 연구기관 27개, 기술투자기업 1개)이며 기간은 2010년 5월부터 7월까지 수행된 결과이다.

2009년 기준 미국 181개 기관의 기술 이전 관련 전담 인력은 총 1,049.76명(Fte 기준)으로 이는 2008년 1,039.34명에서 다소 증가한 수치로 기관 당 평균 5.8명의 전담 인력을 보유하고 있으며, 꾸준히 증가되는 추세임을 보여 준다. 기술 이전 조직의 전체 인력은 2009년 2,106.45명으로 2008년 대비 14.23명(0.68%P)만큼 증가하였다. 대부분 대학, 병원 및 연구 기관에서 10명 미만의 인력이 기술 이전 활동을 수행하고 있는 것으로 파악되었다.

〈표 3-15〉 기술 이전 전담 인력 현황

(단위 : 명, Fte 기준)

구분	라이센싱 인력	기타 인력	전체 인력
2005	847.00	848.00	1,695.00
2006	910.70	920.99	1,831.69
2007	967.50	958.40	1,925.90
2008	1,039.34	1,052.88	2,092.22
2009	1,049.76	1,056.69	2,106.45

21세기 기술 사업화

* 기술 이전 조직(Technology Transfer Office)에 고용된 기술 이전 전담 인력
* 자료 : 2010 대학산학협력백서(2011) 재구성(원자료 Autm(2009), Autm U.s. Licensing Activity Survey Fy 2009)
* Fte : Full Time Equivalent 실질업무수행자

2009년 179개 기관에서 신규 출원된 특허 건수는 총 12,109건, 평균 67.6건으로 2008년 12,194건에서 85건이 감소하였으며, 이는 전체 미국 특허 출원 건수의 66.5%를 차지하는 규모이다.

〈표 3-16〉 특허 출원 현황

(단위 : 건)

구분	2005	2006	2007	2008	2009
응답 기관	191	189	179	187	179
신규 특허 출원 수	10,270	11,622	11,797	12,194	12,109
전체 미국 특허 출원 수	14,757	15,908	17,589	18,949	18,214
외국인 특허 출원 수	1,102	1,403	1,070	848	1,322

* 자료 : 2010 대학산학협력백서(2011) 재구성(원자료 AUTM(2009), AUTM U.S. Licensing Activity Survey FY 2009)

2009년 179개 기관의 신규 특허 출원 건수는 12,109건이며, 전체 미국 특허 출원 건수는 18,214건이다. 또한, 2009년 기술 이전 활동으로 847개 기관에서 848건 기술 이전 계약이 체결되었다.

<표 3-17> 기술 이전 활동 현황

(단위 : 개, 건)

구분	응답 기관 수	체결 건수
대학	847.00	848.00
병원 및 연구 기관	910.70	920.99
기술 투자 기업	967.50	958.40
전체 응답 기관	1,039.34	1,052.88

* 출처 : 2010 대학산학협력백서(2011) 재인용(원자료 AUTM(2009), AUTM U.S. Licensing Activity Survey FY 2009)

179개 기관에서 보고한 바에 따르면, 라이선스로 인한 수입은 2009
년에 2,326백만 달러로 평균 13백만 달러를 기록하였다. 라이선스 수
입은 지속적으로 증가세를 보이다 2008년 3,444백만 달러로 최고치를
기록한 후 2009년에 1,118백만 달러 감소하였다. 라이센스 수입의 대
부분은 경상 기술료에 의존하고 있으며 그 규모는 2008년 2,303백만
달러로 2009년 전체 라이선스 수입의 70.0%를 차지하는 수준이다.

<표 3-18> 라이센스 수입 현황

(단위 : 건, 백만 달러)

구분	2005	2006	2007	2008	2009
응답 기관	188	187	188	188	179
전체 라이선스 수임료	2,130	2,173	2,383	3,444	2,326
경상 기술료 (running royalty)	1,139	1,173	1,938	2,303	1,618

주식 현금 (cashed-in equity)	43	53	46	44.4	24.4
기타	948	947	399	1,096.6	683.6

* 자료 : 2010 대학산학협력백서(2011) 재구성(원자료 AUTM(2009), AUTM U.S.
Licensing Activity Survey FY 2009)
* 특허 출원 관련 질문에 응답한 기관 수
** 라이선스 소유권자가 받은 지분의 판매로부터 얻은 현금
*** 선행 수수료, 연간 최소 로열티, 소송 비용 등

라이선스로 인한 창업 현황을 살펴보면, 2009년 기술 이전 활동을 통해 596개의 기업이 새롭게 설립되었으나 2008년 595개와 비교할 때 증가세가 둔화된 상태이다. 또한, 창업 기업의 73%가 기술을 이전받은 대학, 병원, 연구 기관 등과 같은 주(state)에 위치한 것으로 나타났다.

〈표 3-19〉 라이센스로 인한 창업 현황

(단위 : 개)

구분	2005	2006	2007	2008	2009
창업 현황	451	462	555	595	596
신규 특허 출원 수	357 (79.2%)	344 (74.5%)	402 (72.4%)	430 (72.3%)	435 (73.0%)

* 자료 : 2010 대학산학협력백서(2011) 재구성(원자료 AUTM(2009), AUTM U.S.
Licensing Activity Survey FY 2009)

나. E U

(1) 기술 사업화 관련 정책 및 지원 기관

Eu 회원국 내 국제 기술 협력 프로그램인 유럽 연구개발협력체(Eureka)는 1983년 미국이 Star Wars로 알려진 Strategic Defense Initiative를 발표하자, 유럽은 Bottom-Up방식의 기술 개발 프로그램을 창설하였다.

Eureka 목적은 유럽 국가의 산업 경쟁력 강화를 위해 첨단 기술을 이용한 산업 연구 개발 촉진, 시장 지향적·사업화를 위한 중소기업, 대기업 및 연구기관 간 협력 강화, 범유럽적인 협력 체제 구축, 국제 공동 연구를 통한 기술 개발 성과의 시너지 효과 등이다. 사업 전략 수립과 프로그램 운영은 장관 회의, 고위층 회의, 본부 사무국, 국가별 기획 담당 등으로 구성되어 있으며 주요 임무는 다음과 같다.[26]

〈표 3-20〉 Eureka 운영 프로그램

구분	세부 추진 과제
장관 회의	- EUREKA 최고 의사 결정 기구 - 회원국별 관계 장관, EU 대표로 구성(연 1회 개최)
고위층 회의	- 장관 회의의 결정 사항에 대한 집행, 장관 회의 의제 논의 - 국별 대표로 구성(연 4회 개최)

26) 이길우, 전게서, (37~43page)

본부 사무국	– 연구 과제 DB 관리, 회원국 간 정보 교류, 의장국 활동 등
국가별 기획 담당자	– 자국 업체의 프로젝트 접수 및 참여 총괄 – 각 회원국에서 임명한 지역 연락관(연 4회 개최)

* 출처 : 지식경제부 · 한국산업기술진흥원(2011), 2010년 기술 이전 · 사업화 백서

세계 최대의 국제 공동 연구 개발 네트워크로 발전한 유레카(Eureka)는 모든 Eu 회원국을 포함해 39개 정회원국이 참여하고 있다. 구체적으로 회원국 구조를 살펴보면, 정회원국 외에 2006년에 당시 준회원국인 우크라이나, 몰타가 정회원으로 승격하였고, 현재는 알바니아, 보스니아, 불가리아 등 유럽권 준회원국(Nip) 3개국이 있다. 준회원국으로는 금년 6월에 아시아 국가 최초로 가입한 한국이 유일한 실정이다.[27)]

2009년 7월 현재 722개의 기술 개발 과제(Individual Projects)가 진행되고 있고, 금액으로는 13억 유로(한화 약 25조원)에 이르는 거대한 과제이다. 과제에 참여하는 기업의 수는 2,640개이며, 이중에서 중소기업이 1,174개(45.0%)로 가장 많고, 연구소 491개(19.6%), 대기업 476개(18.6%), 대학 459개(16.8%) 순이다.

'범유럽 공동 R&D 네트워크'로서 유레카 사업의 가장 큰 특징은

---

27) 이종일, "유레카의 최근 정책 동향과 우리 기업의 진출 전략", e-비즈니스연구, 제10권 제4호, 2009. 11. 30.(Vol 10)

시장 지향적인 공동협력 프로젝트(Market Driven Collaborative Projects)를 추진하고 있다는 점이다. 유레카에는 유럽 국가는 물론 지중해 부근의 터키, 이스라엘도 정회원국으로 참여하고 있으며, 추진 체계도 자발적인 산·학연 협력, 과제의 다양성 촉진, 신기술 개발을 촉진하고 있다.

유레카의 발달 과정을 이해하기 위해서는 그 기본 정신이 반영된 1985년의 '하노버 선언문'을 관심 깊게 살펴볼 필요가 있는 것이다. 유레카는 이를 근거로 경제적, 기술적 요인 등에 의해 추진 방향을 수정하거나 세부 프로그램을 추가하기도 했다. 그러나 유레카는 시장 진출형 기술 개발 및 상용화를 최고의 가치로 삼고 있으며, 이를 위해 상향식 과제 발굴 방식(Bottom Up Approach), 합의체 형식의 과제 평가 체제, 파트너십에 의한 공동 과제 수행, 국가별 자금 조달 등의 원칙을 유지하고 있다. 거의 모든 기술 과제를 지원대상으로 하는 다양성, 행정적 부담의 최소화 노력 등도 유레카의 장점으로 꼽히고 있다. 그리고 대내외적인 정치적, 경제적, 과학 기술적 상황 및 기업의 수요를 반영하여 새로운 프로그램을 만들어 시행하고 있으며, 80년대의 엄브렐러 프로그램, 90년대의 클러스터 프로그램, 그리고 지난 2008년에 시작된 유로스타 프로그램이 대표적인 프로그램이다.

유레카의 과제 유형은 4개 세부 프로그램인 개별 과제, 엄브렐러 프로그램, 클러스터 프로그램, 유로스타의 네 가지 세부 프로그램으로 분류된다. 각 프로그램의 차이점을 몇 가지 기준으로 나누어 설명하면 다음과 같다. 예를 들어, 과제 수행 기간으로 구분하면, 3년 이내의 과제를 대상으로 하는 개별 과제와 유로스타, 그 이상의 장기 과제로 구성된 엄브렐러와 클러스터 프로그램으로 양분할 수 있다. 기간별 구분은 중소기업 중심(개별 과제)이나 중소기업만을 위한 프로그램(유로스타), 중규모 이상의 과제를 수행하기 위한 기술별 상품이나 기술 개발을 위한 연관된 과제를 수행하는 프로그램(엄브렐러, 클러스터)를 구분하는 데도 유용하다. 세부 프로그램을 만든 시기를 기준으로 분류하면, 개별 과제, 엄브렐러 및 클러스터 프로그램, 유로스타 순이다.

개별 과제(Individual Project)는 1985년 유레카 출범과 함께 시작된 대표적인 프로그램으로 중소기업이 수행하는 3년 이하의 단기 과제를 대상으로 한다. 이 프로그램은 1년 이상의 공동 연구를 통해 사업화가 가능하거나 시장에 진입이 가능한(Ready To Market Result) 과제를 대상으로 한다. 유레카 전체 예산의 50% 가량을 차지하며 공통 관심사를 가진 2개 국가 이상의 기업이 진행하는 공동 연구 개발 과제이다. 기업 간 참여 비율은 중소기업 41%, 대기업 23%, 연구소 18%, 대학 15%, 기타 3%이며, 과제 수 기준으로는 최근 40% 대까지 하락하였다. 이는 여타 세부 프로그램 특히, 유로스타와 같은 유사 프로그램이 새로 출범한 데에 기인하는 것으로 파악된다.

엄브렐러 프로그램(Umbrella Program)는 특정 주제를 가진 엄브렐러 아래 추진되는 과제(Thematic Network)이다. 유럽 경제에 필요한 전략적 중요 기술 개발을 목적으로 주제를 선정하고, 이에 맞는 다양한 과제들이 공모되고 지원된다. 이 프로그램의 특징은 국가 기관과 국가 차원에서 전문가들이 참여하고, 워킹 그룹을 만들어 정기적으로 모임을 가진다는 점에 있다. 현재 11개의 엄브렐러가 존재하고 있으며 정보 통신, 생명, 환경 및 생산 기반 분야 등의 분야로 구성되어 있다. 예를 들어, Euroagri는 2003년~ 2009년 기간 중 추진되는 생명 관련 엄브렐러이며, 2007년~ 2011년의 사업 기간을 가진 Pro-Factory는 로보틱스 분야의 엄브렐러이다.

클러스터 프로그램(Cluster Program)은 클러스터 존속 기간이 최소 5년 이상으로 유레카 프로그램 중에서 가장 기술 개발 기간이 장기간인 프로그램이다. 이 때문에 전체 참여 기관의 74%가 대기업으로 구성되어 있으며, 비교적 장기간을 두고 세계 시장 변화에 민감히 대응하여 전략 산업 분야에서 유럽의 경쟁력 향상을 목표로 한다. 최근에는 정보 통신, 에너지 분야의 과제가 주목을 받고 있으며, 이중에서 대표적인 클러스터로는 정보 통신 분야에서는 Itea2(2006년~ 2014년), 의약 생명 공학 분야에서는 Euroforest(1999년~ 2009년), 에너지 분야에서는 Eurogia+(2008년~ 2013년)가 있다. 2008년 말 기준으로 9개의 클러스터가 활성화되고 있는 실정이다.

유로스타 프로그램(Eurostar Program)은 Eu와 공동으로 추진한다는 점에서 유레카가 단독으로 추진하는 개별 과제, 엄브렐러 및 클러스터 프로그램과는 명확하게 구별된다. 즉, 공동으로 추진하는 프로그램이기 때문에 자금 지원 대상, 방식 및 소요 시간 등에서 개별 과제의 문제점을 개선하고 있다. 유로스타는 중소기업을 위한 전용 프로그램이기는 하지만, 참여를 희망하는 중소기업은 일정한 수준의 기술 개발 능력을 보유하고 있어야 하며, 자금 지원도 이미 확보된 재원에서 받는다. 기존 개별 과제에서 문제점으로 지적되어 온 소요 기간을 대폭 줄여 자금 지원 여부를 3개월 이내로 줄이는 것을 명문화하였다. 이외에 최대 3년 내 종료되는 상업화가 가능한 단기 프로젝트라는 점은 개별 과제와 같다. 유로스타는 2008년부터 본격적으로 추진되었으며 4억 유로의 예산을 가지고 향후 7년간 560개의 과제를 지원한다는 목표를 가지고 있다.

European Research Council은 몇 년을 한 단위로 묶어서 Framework Program를 운영하며 다양한 프로젝트를 지원하고 있다. 현재는 Fp7이라 불리는 7번째 프로그램이 운영되고 있다. Fp7에서 많은 예산이 Collaborative Project를 위해서 사용된다. 프로젝트에는 대학뿐만 아니라 기업체가 의무적으로 참여하도록 규정하여 산학 협력을 강조하고 있다. 과제를 통해 발생한 기술이나 특허 등의 전파 계획(Dissemination Plan)을 강조하여 기술이 유럽 내 기업체로 자연스레 연결되도록 장려하고 있다. 또한, 보통 3년 과제 기간 중 6개월마다 각 기관이 돌아가며 과제 미팅을 주관하는데, 이는 연구 결과 교류뿐만 아니라 네트워크를 맺을 수 있는 아주 좋은 기회가 되고 있다. 최근에는 한국 기관도 Eu Project에 참여하는 것이 가능해졌다. 기술이 유럽 기업체로 전수된다는 취지에 비추어 한국 기업 참여는 어려울 수 있다. 그러나 한국 연구소나 대학교 참여는 유럽 내 우수 대학 및 연구소와의 연구 교류 및 네트워크 형성을 위해 매우 장려할 만하다.

Irc(Innovation Relay Centres)는 유럽 의회(European Commission) 지원으로 1995년 설립되었고, 유럽 전체의 혁신 역량 강화와 혁신성과 확산에 크게 기여한 가장 성공적인 기술 이전 프로그램으로 평가받고 있다. Irc는 유럽 내 지역 기업에게 지역 또는 유럽 내의 기술 협력 파트너를 연결시켜 주고, 회원 국가 간 기술 이전에 관한 정보 및 국가 간 기술 이전을 위한 연계 서비스를 제공하며, 각 회원국에서 개발된 기술을 유럽 전역에 홍보하는 등의 역할을 하는 창구로 유럽 전역에 걸친 기술 이전 활성화의 핵심 메커니즘으로서 2008년 Een(Enterprise Europe Network)으로 통합되었다. 전체 Irc 네트워크가 지원한 기술 이전 협상은 12,500건에 달하며 55,000여 개 기업이 기술적 수요를 충족하거나 기술 개발성과 사업화에 대한 지원을 받았고, 그 가운데 국가 간 기술 이전도 1,000여 건 이상 추진되었다고 한다.

[그림 3-7] IRC 기술 이전 프로그램

STEP 1	Making Contact
IRC Network 참여 희망 기업 방문, 기술 혁신 및 기술 이전, 기술 시장 개척 자문 활동	

▼

STEP	Identifying Technology Profiles
기술 사업화 가능성, 기술 수요 분석 및 기술 프로필 작성	

STEP 3	Finding European Partners
유럽 전역 센터 조직 활용을 통해 기업을 위한 파트너 발굴	

▼

STEP 4	Offering Support
기술 금융 및 지식 재산권 관련 자문과 방향 설정 지원	

▼

STEP 5	Assistance with Contract Negotiations
협력 파트너 연계 및 협약 단계 협상 지원	

유럽 지역 중소기업 성장과 혁신 활동을 촉진하기 위한 Cip (Competitiveness And Innovation Framework Programme) 추진을 목적으로 Irc 와 Eic를 통합하여 설립한 Een(Enterprise Europe Network)은 상공 회의소, 지역 개발 기관, 대학 기술 센터 등을 포함한 조직으로 Eu 회원국 및 회원 후보국과 유럽 경제 지역 회원국 등의 유럽 국가와 미국, 이스라엘 등 43개국이 가입되어 있다. 주요 업무는 유럽 지역 기업가들의 사업을 지원하기 위한 서비스와 자문 등을 제공하는 One Stop Shop - No Wrong Door 활동으로 잠재적 기술 상용화 파트너 발굴 지원 및 Eu 법 제도, 표준 및 정책에 관한 자문 활동 및 자료 제공, 중소기업 자금 지원 정보 제공, 국가 간 협력을 지원하기 위한 플랫폼 구축 및 지원 등을 수행하고 있다.

이러한 Eu의 노력은 회원국 내 기술 이전·사업화 관련 정책에 큰 영향을 미치고 있다. 특히 영국은 고등교육혁신기금 Heif(Higher

Education Innovation Fund), Ucsf(University Challenge Seed Fund)와 같이 기금 조성을 통하여 기술 사업화를 지원하고 있다. Heif는 영국의 대학 및 기타 고등 교육 기관에 기술 이전 및 사업화 장려를 목적으로 하고, Uscf는 대학이 수행한 연구 결과를 바람직한 사업으로 전환할 수 있도록 지원하는 자금이다. 그리고 Bis(Department For Business, Innovation, And Skills), Dius(Department For Innovation, Universities And Skills), Clg(Department For Communities And Local Government)와 같은 기관을 통해 자국의 기술 사업화를 지원한다.

(2) 기술 사업화 현황

과학과 산업을 기반으로 하여 유럽 국가 간 지식과 기술 이전을 전문화와 촉진을 목적으로 하는 유럽 과학기술이전 전문가협회(Astp : Association Of European Science & Technology Transfer Professionals)에서는 유럽 연합집행위원회(Eu)의 국제 연합 대학의 연구 및 인력 양성 중심센터 Unu-Merit를 통해 매년 협회에 가입한 유럽의 대학 및 공공 연구 기관을 대상으로 기술 이전 활동에 대한 조사를 실시하고 있다. Astp에서는 조사 결과를 통해 기술 이전 조직 현황, 기술 이전 조직에서 제공하는 서비스 유형, 특허 출원 및 라이선스 수입 등의 기술 이전 성과에 대한 다양한 정보를 제공하고 있다. 미·유럽 기술 이전 활동 조사(Fy 2008)는 2009년 3월부터 7월까지 진행되었으며, 대학 및 공공 연구 기관 등 99개 기관이 조사에 응답하였다.

2008년 기술 이전 조직(Kto, Knowledge Transfer Offices)의 평균 전담 인

력은 10.7명으로, 2005년 이후 연평균 증가율 7.1%로 지속적으로 증가하는 추세를 보이고 있다. 대부분 기술 이전 조직('08년, 73.2%)에서 10명 미만의 전담 인력이 기술 이전 활동을 담당하고 있다.

<표 3-21> 기술 이전 전담 인력 현황

(단위 : 명, Fte 기준)

구분	2005	2006	2007	2008	연평균 증가율
평균 인력	8.7	8.1	8.8	10.7	7.1%
신규 특허 출원수	357 (79.2%)	344 (74.5%)	402 (72.4%)	430 (72.3%)	435 (73.0%)

2008년 기준으로 대학 및 공공 연구 기관에서 관리하고 있는 지식 재산권을 기술 이전 조직(72.7%), 기타(14.1%), 발명자(13.1%)가 소유권을 보유·관리하고 있는 것으로 나타났다. 2005년 이후 대부분의 지식 재산권을 기술 이전 조직에서 소유하여 관리하고 있으며, 발명자가 지식 재산권을 소유하는 비중은 2005년 6.9%에서 2008년 13.1%로 점차 증가하고 있다. 지식 재산권이 정부에 의해 소유되거나 다른 기관이나 발명자에 의해 동시에 소유되는 경우는 2005년 29.7%에서 2008년 14.1%로 감소하여 절반 수준으로 비중이 감소하였다.

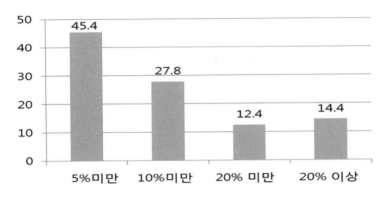

[그림 3-8] 전담 인력 수(FTE 기준)

* 출처 : ASTP(2010), ASTP Survey for FY 2008

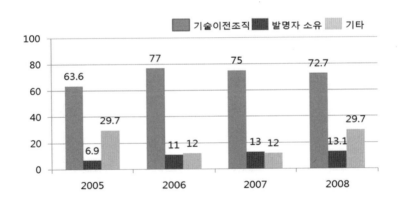

[그림 3-9] 기술 이전 조직의 주요 업무

* 출처 : ASTP(2010), ASTP Survey for FY 2008

　2008년 기준 대학 및 공공 연구 기관의 대부분 기술 이전 조직에서
지식 재산권 활동 지원(94%), 라이선싱 활동(95%), 창업 지원(88%) 등

　　　　　　　　　　　　　　　　21세기 기술 사업화

의 기술 이전 활동을 지원으로 하고 있는 것으로 나타났다. 기업과 컨설팅 계약 협상, 정부 지원 연구 계약 및 보조금 협상 등의 업무도 많은 기관에서 지원하고 있는 것으로 조사되었다. 반면, 창업 기반 시설 제공, 창업 초기 자금 관리 등 창업 관련 업무에 대한 지원 정도는 기술 이전 활동에 비해 지원 정도가 낮은 것으로 나타났다. 또한, 공공 연구 기관보다 대학에서 창업 관련 지원 활동을 활발히 수행하고 있는 추이를 보이고 있다.

〈표 3-22〉 기술 이전 조직 활용

구분	2006		2007		2008	
	대학	공공연구기관	대학	공공연구기관	대학	공공연구기관
지식 재산권 활동 지원	90%	96%	90%	100%	94%	
라이선싱 활동	91%	92%	92%	90%	95%	
창업 지원	87%	83%	86%	65%	88%	
기업과컨설팅 계약 협상	90%	79%	83%	75%	85%	68%
정부 지원 연구 계약/보조금 협상	79%	67%	78%	45%	69%	57%
창업 기반 시설 제공	43%	25%	35%	10%	44%	29%
창업 초기 자금 관리	22%	4%	31%	10%	25%	0%

* 표의 수치는 Astp 응답 기관 중 해당 업무를 지원하고 있다고 응답한 기관의 비중임
** 원자료에서 대학과 연구소를 합한 전체 통계치만 제공
*** 출처 : 2010 대학산학협력백서(2011) 재인용(원자료 Astp(각년도), Astp Survey)

특허 출원을 준비하는 과정에서 조사 대상 기관 중 84.8% 기관이 기술 이전 업무를 아웃소싱으로 진행하며 연구 계약 법률 자문과 라이선스 계약 법률 자문의 경우도 아웃소싱하는 비중이 각각 21.2%, 36.4%로 나타났다.

<표 3-23> 기술 이전 조직의 아웃소싱 비중 현황

구분	대학	공공 연구 기관	전체
특허 출원 준비	83.1%	89.3%	84.8%
연구 계약 법률 자문	19.7%	25.0%	21.2%
라이센스 법률 자문	31.0%	50.0%	36.4%

* 출처 : 2010 대학산학협력백서(2011) 재인용(원자료 ASTP(2010), ASTP Survey for FY 2008)

2008년 연구원 1천명을 기준으로 성과를 산출한 결과, 대학이 발명 신고(18.3건), 특허 출원(8.0건), 기술 창업(1.5건), 연구 협약(100.3건) 등의 부문에서 공공 연구 기관보다 우수한 성과를 창출하였다. 공공 연구 기관의 경우, 특허 등록(5.7건), 라이선스 계약(8.1건), 라이선스 수입(1.2백만달러) 등에서 대학의 성과보다 다소 높은 수준으로 나타났다. 이로써 대학보다는 공공 연구 기관이 실질적인 업무를 수행한다는 것을 알 수 있다.

연구비 백만 달러 기준으로 보면, 대학에서 특허 등록(19.5건), 라이선스 계약(13.2건), 라이선스 수입(80.4백만 달러) 등의 부문에서 공공 연구 기관보다 투자 대비 높은 성과를 산출하였다. 발명 신고(4.2건), 미국 특허 출원(43.8건), 기술 창업(171.2건) 등에서는 공공 연구 기관의 투자 대비 성과가 더 높게 나타났다.

<표 3-24> 기술 이전 조직의 주요 성과

구분	연구원 천명 당		연구비 백만 달러 당(PPP)	
	대학	공공 연구 기관	대학	공공 연구 기관
발명 신고 건수	18.3	13.0	3.7	4.2
특허 출원 건수	7.0	5.8	1.0	11.7
특허 등록 건수	4.0	5.7	19.5	16.9
미국 특허 등록 건수	1.6	2.1	41.5	43.8
라이센스 계약 건수	5.2	8.1	13.2	7.5
라이센스 수입 (백만 PPP달러)	0.8	1.2	80.4	68.3
창업 건수	1.5	0.3	44.2	171.2
연구 계약 건수	100.3	56.0	0.8	0.9

* 모든 성과 항목에 대해 결과를 제출한 기관에 한정하여 산출, 연구원 수 및 연구비는 '08년도 기준(공공 연구 기관 중 이상 값(Outlier)을 갖는 2개 기관 제외)
** 백만 달러의 라이선스 수입을 얻는 데 소요된 연구비이며, 대학의 경우 1백만 달러의 라이선스 수입을 얻기 위해 80.4백만 달러의 연구비가 투자되었음을 의미함
*** 출처 : 2010 대학산학협력백서(2011) 재인용(원자료 Astp(2010), Astp Survey For Fy 2008)

다. 일본

(1) 기술 사업화 관련 법과 제도

일본은 신기술 실용화 촉진을 목적으로 신기술사업단(Jrdc, Research Development Corporation Of Japan)을 설립하였으며, 1993년 법 개정을 통해 신기술 개발 및 기초 연구 지원 등 업무 영역을 확대하였다. 또한, 1996년 일본과학기술진흥사업단(Jst : Japan Science And Technology Corp.) 설립을 통해 기술의 실용화를 위한 위탁 개발을 실시하였으며 주요 내용은 신기술 개발 및 기초 연구 성과보조금, 신기술 개발에 대한 기업 알선, 과학기술청 소관의 연구 교류 촉진 등으로 1996년 「과학 기술 진흥 사업단법」으로 발전되었다.[28]

「연구 교류 촉진법(1995)」은 국가와 국가 이외 간에 교류 촉진을 위한 여러 가지 근거 조항을 규정하고 있으며, 외국인 연구 공무원 임용 국가 수탁 연구 성과와 관련한 특허 발명 실시 등을 규정하고 있다. 「과학 기술 기본법(1996)」은 연구 결과 기술 이전에 대해 구체적 규정이 없어 규범적 효력 면에서 보다 기술 이전 · 사업화를 공고하는 성격을 가지고 있다. 동법 제16 조에서 "국가는 연구 개발 성과의 활용을 촉진하기 위하여 연구 개발 성과의 공개, 연구 개발에 관한 정보의 제공 등 그의 보급에 필요한 시책 및 적절한 실용화 촉진에

---

28) 이길우, 전게서, (44~51page)

필요한 시책을 강구하여야 한다"라는 부분에서 연구 성과 활용 및 촉진에 관한 국가의 책임을 명시하고 있다.

「과학 기술 진흥 사업단법(1996)」은 「신기술 사업단법」을 근거로 설립된 신기술사업단(Jrdc)을 과학기술진흥사업단(Jst, Japan Science And Technology Corp.)으로 확대 개편하기 위해 제정되었으며, Jst의 목적, 조직, 기능 등에 관한 사항을 규정하고 있다.

대학 등 「기술 이전 촉진법(1998)」은 공공 기술 이전 사업을 정부의 임무로 규정하는 등 미국의 Stevenson-Wydler Technology Innovation Act와 유사하며, 문부성과 통상 산업성 장관의 기술 이전을 위한 실시 지침 마련을 의무화하였다. 또한, 대학 및 국가 시험 연구 기관 등의 연구 성과에 대한 사업화를 총괄적으로 지원할 수 있는 기술 이전 전담 기구 설치 및 연구 결과를 사업화하는 중소ㆍ벤처 기업 지원을 핵심으로 규정하였으며, Tlo 설립과 자금 지원 근거 및 특정 시설 정비법에 따른 산업 기반 정비 기금 지원 범위를 기술 이전으로 확대하여 Tlo 실시에 필요한 자금 조달 지원, 연구 성과의 민간 이전에 관한 정보 수집 등을 위해 기금을 사용할 수 있도록 하였다.

연구 성과를 사업화하는 벤처ㆍ중소기업 등에 대한 지원을 마련하여 「중소기업 투자육성 주식회사법」의 개정을 통해 업무 영역을 확대하고, 개인 또는 중소기업이 공공 기술을 이전받는다. 사업 시작시 주식 인수 및 보유를 통해 지원을 할 수 있도록 하고, 국유 특허권에 대해 Tlo가 특허권을 양도받아 기술 이전할 경우, 인정된 Tlo는 국가에 준하는 특허료 등을 면제함으로써 국유 특허권 등에 관계되는 연구 성과에 대해서도 Tlo 활용을 촉진하고 있다. 「산업 활력 재생특별조치법(1999)」은 경영 자원의 효율적 활용으로 생산성을 향상시키기 위한 기업의 사업 재구축 지원, 중소·벤처 기업에 의한 신산업 개척 지원, 기업의 연구 활동 활성화 지원 등을 통해 일본 산업 부흥을 위하여 제정되었다. 연구 활동 활성화 방안으로 국가로부터 수탁받아 수행한 연구 결과에 대한 특허권 등을 인정한 조건 하에 수탁자에게 이전할 수 있도록 하였고, 문부성과 경제산업성으로 하여금 대학의 연구 성과를 민간 사업자에게 이전·촉진하기 위한 적극적인 시책을 강구할 것을 규정하였다. 특허와 관련된 제4 장은 일본판 Bayh-Dole Act 제도의 근거가 되는 법률로서 국가 위탁 연구 성과 관련 특허권 등 국가 기술 자원을 민간 기업에 이전 및 거래를 명시하고 있다.

이로써 대학에서 민간으로 기술 이전이 가능하게 하며 이는 앞서 언급한 것과 같이 이전된 특허권을 통해 민간 기업의 기술력 증대를 도모하는 것을 목적으로 한다. 지식 재산권 출원 신청 등의 절차가 진행될 경우 그것을 보고해야 하는 것과 함께 해당 지식 재산권을 상당 기간 정당한 사유 없이 활용하지 않는다고 판단될 경우, 일본 정부의 요청에 의해 해당 지식 재산권의 활용 촉진을 목적으로 명확한 이유가 있을 때에는 제3 자에게 해당 지식 재산권의 권리를 허용할 수 있도록 하고 있다. 또한, 승인 Tlo가 특정 대학의 기술 이전 사업을 실시할 때 납부하는 특허료(연금)와 심사 청구 수수료를 1/2로 감액하여 기술 이전 부담을 줄여 주고 있다.

「산업 기술력 강화법(2000)」은 일본의 지속적인 산업 발전을 도모하고 국민 생활의 안정적 향상 등을 목적으로 대학은 인재 육성, 연구 개발 및 결과의 보급을 위해 적극적인 노력을 경주했다. 기업도 연구 개발 및 사업화에 적극적으로 노력해야 하며 국가는 국가 및 지방 공공 단체의 시험 연구 기관, 대학 및 기업 상호 간 교류를 촉진하기 위한 대책을 강구해야 한다고 규정하고 있다.

연구 결과를 활용하는 기업에 대해 국가와 지방 공공 단체가 지원할 수 있는 필요한 조치를 강구하고 있다. 승인 Tlo가 기술 이전 사업을 통한 산업 기술력 강화에 기여할 수 있도록 국립 대학의 국유 시설 무상 이용 등을 허용하고, 국립 대학 교수 등의 민간 기업 임원 겸업 규제 완화, 대학 및 대학 교수에 대한 특허료 등의 경감, 창조적인 중소기업 등을 명시하였다.

(2) 기술 사업화 관련 정책

중소기업 기술 혁신 제도는 기술 개발 자체뿐만 아니라 사업 타당성 조사, 개발 기술의 사업화까지 일관되게 지원하고 각 부처별 달성 목표가 내각 결정을 통한 의무 사항으로 지원하고 있다. 2단계에 걸쳐 지원되며 특히 사업화와 관련된 2단계 지원 방법은 특정 신기술

활동의 보증 한도액 확대, 중소기업 투자 육성 주식회사의 투자 대상
기업 확대, 신사업 육성을 수행했다.

〈표 3-25〉 미국과 일본의 SBIR 제도 비교

구분	미국 SBIR	일본 SBIR
도입 시기	1982	1998
목적	중소기업 기술 혁신 촉진을 위해 연구 개발과 사업화 등 연계 지원	기술 개발력 있는 중소기업의 기술 혁신 촉진 및 연구 개발 성과의 사업화 지원
관련 기관	연방 정부 기관(11개 부처, 10년)	정부 부처(7개 부처, 11년) 및 독립 행정 법인 등 정부 투자 기관
주관 부처 역할	SBA가 관련 부처와 조정 및 의회 보고	경제산업성이 지정안 마련 및 각의 결정 요청(중기청은 협의·연락만 수행)
제도 운영 및 참여 사항	1억 불을 초과하는 모든 연방 기관은 소관R&D 예산의 2.5%를 지원토록 법률상 의무화	각 부처 사업 중 경제산업성 장관이 SBIR 교부금 지정안 마련 및 부처 간 협의를 통한 각의 상정
지원 예산	대외 연구 개발 예산의 2.5% 이상+출연·보조	절대 금액 기준으로 매년 각의에서 결정+출연·보조
SBIR 특정 사업의 분류 방식	각 부처 R&D 예산의 대외 연구 개발 예산 중 중소기업 대상 SBIR 프로그램으로 지정 협의·조정	각 부처 R&D 사업 중 경제산업성 대신이 SBIR로 지정안 마련 후 각의에서 결정된 특정 보조금
사업 예산 지원 대상	중소기업 전용 사업	대부분 겸용 사업(중소기업 전용 특히 일부)
지원 방식	-연방 정부 각 부처의 SBIR프로그램으로 1, 2단계 연계 지원 -3단계는 연방 정부의 비SBIR과 민간 부문을 활용한 사업화 지원	정부 지정 SBIR 교부금 대상에 대한 사업화 단계 후속 지원(정부계 금융 기관을 통한 사업화 지원 등 포함)

이와 함께 미국 전국에 1,100개의 지역 사무실이 있는 매우 방대한 스몰비지니스 개발센터 Sbdc(Small Business Development Center)와 유사한 네트워크를 운영하고 있는데, 이는 벤처캐피탈과 연구 개발 촉진을 위해 정부 자금 지원을 배분하는 민간 전문가로 구성된 센터이며, 중소기업 운영에 대한 컨설팅 지원도 수행하고 있다.

Ip 유동화 제도는 2004년 「신탁업법」 개정으로 특허권 등 지식 재산권에 대한 신탁 회사의 수탁이 가능해지고, 금융 기관과 일반 기업에 신탁업이 허가되면서 기술 특허를 통한 자본 조달 및 중개 사업 등 신탁 은행의 지식 재산 상품 판매가 본격화되고 있다.

지식 재산 상품화 시범 사업으로 일본 정부는 2003년 Jdc(Japan Digital Contents)사의 주관으로 약 2억 엔 규모로 Ip 유동화를 진행하였으며, 이는 일본 최초의 Ip 유동화 사례로 기록되었다.

과학기술진흥사업단(Jst)의 기술 사업화 정책은 과학 기술 정보의 유통에 관한 업무와 그 외의 과학 기술 진흥을 위한 기반을 정비하는 업무의 종합적 시행을 통하여 과학 기술 진흥을 도모한다. 현재 Jst는 정부로부터 하달되어진 중기 목표를 달성하기 위해 정부의 허가를 얻어 현재 제2기 중기 목표(2007-2012년)를 시행하였다.

[그림 3-10] 일본 JST의 기술 이전 · 사업화 지원 체계

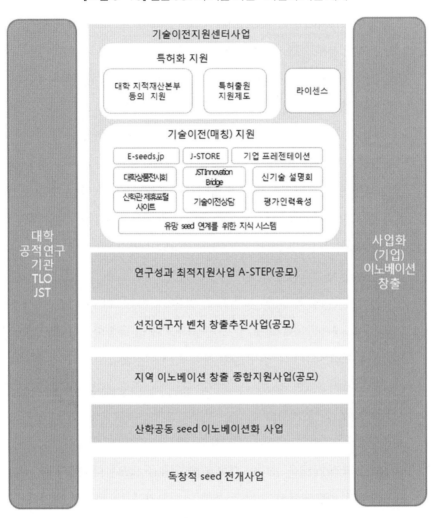

O 기술 이전 지원 센터 사업 : 연구 성과의 특허화 지원, 신속한 공
개, 기술 이전에 관여하는 평가, 인력 육성 프로그램 등의 종합적
인 기술 이전을 지원

21세기 기술 사업화

○ 연구 성과 최적 전개 지원 사업(A-STEP) : 2008년도까지 운영되던 산학 공동 시즈 이노베이션화 사업 및 독창적 시즈 전개 사업을 발전적으로 재편성한 새로운 제도로, 지금까지의 기업화 개발 사업을 보다 유연한 형태로 적용해 연구 개발 과제의 내용에 따라 최적의 자금으로 연구 성과의 효율적인 사업화를 지원

○ 젊은 연구자 벤처 창출 추진 사업 : 대학의 창업 지원 조직(벤처 · 비즈니스 · 실험실 등)과 연계하여 창업 의욕이 있는 젊은 연구자에 의한 창업이나 연구 개발 성과의 실용화를 지원

○ 지역 이노베이션 창출 종합 지원 사업 : 전국 16개 JST 이노베이션 플라자 · 새틀라이트를 거점으로 대학 · 지방 지자체, 타 부처, JST 목적 기초 연구, 기술 이전 관련 사업 등과의 연계를 통해 시즈의 발굴에서 기업화까지 지역 이노베이션 창출을 종합적으로 지원

(3) 기술 사업화 관련 지원 기관

일본과학기술진흥사업단(Jst, Japan Science And Technology Corp.)은 국가 차원의 기술 이전을 보다 효율적으로 추진하기 위해 신기술사업단(Jrdc)과 일본과학기술정보센터(Jicst, Japan Information Center Of Science And Technology)를 통합하여 발족하였다. 사업단은 일본의 과학 기술 정보의 중개 기관으로서 과학 기술의 진흥을 위한 기반 정비와 함께 기초 원천 연구와 신기술 개발 및 그 성과의 보급을 통해 과학 기술 진흥 발전을 목표로 하고 있다.

주요 업무는 국내외 과학 기술 정보의 수집, 분류, 정리, 보관 및

제공, 연구자 교류 촉진 및 국내외 공동 연구에 대한 지원, 기초 연구 및 성과 보급, 기업 알선 업무 등으로 구성되어 있다. Jst는 연구 성과의 개발에 수반되는 위험성 정도에 따라 지원 방식을 달리하는데, 연구 결과 사업화의 위험성이 높을 경우 기술 개발 위험인수기금(Risk-Taking Fund For Technology Development)을 지원한다.

단순 기술 이전 계약에 따른 기술료의 80~90%는 연구자에게 지급되며 기술 개발 위험 인수 기금의 지원 대상이 되는 기술은 신규성, 경제성, 공익성이 있는 우수한 기술이지만 기업 단독으로는 사업화가 용이하지 못한 경우이다. 또한, 기술 개발에 필요한 자금 제공 등 개발 진행을 지원한 후 성공한 경우에만 5년 기한 내에 원금만을 상환토록 하고 있다. 기술료 계약 체결 시에는 제품 매출액을 바탕으로 기술료를 징수하며 그 절반을 연구자에게 지급하고 있다.

일본산업기술진흥협회(Jita, Japan Industry Technology Association)는 국가 산업기술총합연구소, 신에너지 · 산업기술종합개발기구(Nedo, New Energy And Industrial Technology Development Organization) 등의 국립 연구소가 이룩한 과학 기술 지식과 연구 결과를 산업계에 보급 및 기술 이전함으로써 국가 산업 발전에 기여함을 목적으로 1969년에 설립되었다. Jita의 주요 사업은 경제산업성, 산업기술총합연구소, Nedo 등이 보유한 지식 재산권 및 연구 결과의 보급, 국제 기술 교류 및 공동 연구의 추진, 산 · 학 · 관 지역 기술 교류 및 지역 산업 기술 활성화 사업 등이 있다. Jita는 산업기술총합연구소와는 전용 실시권 설정 계약을 체결하고, 경제산업성 및 Nedo와는 통상 실시권 설정 계약을 체결하는 등 민간 부문과 이용 계약을 체결하거나 공동 연구 중개 및 주선을 하고 있다.

신에너지·산업기술종합개발기구(Nedo, New Energy And Industrial Technology Development Organization)는 일본의 가장 대표적인 연구 개발 관리 조직으로서 일본의 산업, 에너지, 환경기술을 보급하는 것은 물론 연구 개발을 활성화시키는 역할을 담당하고 있다.

Nedo의 산업기술 Fellowship 프로그램은 기술의 시즈가 되는 요소를 활용하고, 상용화시킬 수 있는 폭넓은 지식과 기술을 가진 뛰어난 신진 연구진을 육성하는 프로그램으로, 훈련 및 육성을 위해 대학, Tlo, 대학 출자 회사 등과 같은 학계 및 산업 기관의 젊은 연구자들을 후원하고 있고 있다. 또한, 이러한 Nedo Fellow들은 배치된 조직에 전속되어 실무 기술 지식 및 다양한 기술을 익히기 위한 직무 교육 트레이닝에 참여하면서 잠재적 신기술을 발견하여 육성하는 관리 기술 및 지식 재산의 활용 능력 등을 육성하게 된다.

일본 정부는 미국의 'Bayh-Dole Act'를 모델로 1995년 「과학 기술 기본법」을 제정하여 기술 이전에 관한 규정을 명시하면서 1998년 「대학 등 기술 이전 촉진법」 제정을 통해 Tlo를 설립하고, 대학 연구 성과의 민간으로의 이전·촉진을 장려하기 위한 기반을 구축하였다.

2002년에는 일본 경제산업성의 산학 협동 시책에 의거, 대학 보유 기술 민간 기술 이전 사업과 대학 기술 이전 기관 사업비 보조 사업을 실시하였고, 대학 보유 기술 민간 기술 이전 사업은 신산업 육성 및 그에 따른 고용 창출을 위한 대학 연구 성과 사업화, 연구 성과의 산학 공동 연계 활용, Tlo를 통한 사업화 연구 개발 자금 제공 촉진 등을 목적으로 추진하고 있다. Tlo법을 고시 · 개정하면서 승인 Tlo 의 창업 지원 사업을 개선하고, 국립 대학원 법인 발족을 통해 교직원 신분을 비공무원으로 변경하면서 승인 Tlo에 대한 출자가 가능해짐에 따라 투자 또한 가능해졌다. 대부분 Tlo는 주식회사의 형태로 일부는 유한 회사, 재단 법인 등의 형태를 취하기도 하며 여러 대학이 공동 출자하여 설립하기도 한다.

주요 업무는 대학에서 기업화할 수 있는 연구 성과의 발굴과 평가, 연구 성과에 대한 특허권의 취득과 관리, 연구 성과에 대한 대외 정보 제공, 특허권과 기술의 기업 이전, 기술료 수입의 배분과 관리 등으로 동경대 Tlo, 관서 Tlo 등의 승인 Tlo와 Jita, 산업기술총합연구소 Innovations 등이다. 또한, 일본의 슈퍼 Tlo는 국내 선도 Tlo와 유사한 개념으로 여타 승인 Tlo나 Tlo가 없는 대학 등의 기술 이전을 지원하거나 관련 전문 인력 교육을 위한 인력 양성을 담당하고 있다.

Iptj(Intellectual Property Trading Japan)는 (주)알프스전기가 향후 Ip(Intellectual Property) 거래 회사로서 성장하기 위해 기존의 특허권을 출자하고 새로운 Ip를 구매하는 형태로 Ip 포트폴리오를 구성하여

2002년에 설립되었다. 지식 재산권 거래 사업을 통하여 기업의 Ip 인 큐베이터 역할 및 지식 재산권 거래 활성화와 지식 재산권 평가 방법 의 표준 개발 등 새로운 지식 재산권 관리 체제를 확립했다. 지식 재 산권의 매수 및 판매에 관한 사업으로 기업, 대학, 개인 등의 권리자 로부터 유휴 지식 재산권을 매입하고 이를 필요로 하는 기업에 판매 하는 등 의뢰인의 요청에 따른 지식 재산권 판매 대리 및 지식 재산 권 라이센스 중개 등을 수행하고 있다.

또한, 벤처 창업 기업 또는 신규 사업 참가 기업에 대해 Ip에 기반 을 둔 기술 사업화 준비를 지원하거나 특허 조사 업무의 수탁, 사업 화에 필요한 특허 발굴 및 그에 대한 정보, 라이선스 허여 등 지식 재 산권 인큐베이터 사업 및 지식 재산권 가치 평가 및 리스크 진단, Ip 전략 수립 지원 등 지식 재산권 평가 관리 조사 등을 담당하고 있다.

테크노마트는 1985년 기술 정보의 종합적인 수집 · 관리 및 제공, 지역 · 업종 · 기업 간 기술 교류의 촉진, 기술 정보 및 기술 이전에 대한 교육 및 보급 등의 목적으로 일본 테크노마트 재단에 의해 설립 되었으며, 2002년 정부 구조조정에 따라 해산되어 ㈜일본입지센터 (Jilc, Japan Industrial Location Center)에서 추진되고 있다. 공공 · 민간 기술 의 기술 이전 정보를 유통시키는 역할을 담당하며, 기술 데이터의 수 집 · 관리, 기술 데이터 활용 컨설팅 등이 주요 기능이다. 기술 거래 중개 측면에서는 일반 기술 이전 기관과는 다소 차이가 있다.

7. 기술 사업화 관련 이슈

가. 대학의 기술 이전 전담 조직(TLO)

　정부 출연 연구 기관보다 좀 더 자유로운 대학의 기술 이전 전담 조직은 각 대학의 특성에 따라 특허 등 지적 재산권 관리 및 기술 이전을 수행하기 위하여 일반적으로 이사장 및 총장, 연구처 및 기술 이전 센터장, 특허 심의 위원회, 운영 위원회, 창업 심의 위원회, 지원 실장 및 사무국 등으로 구성된다. 대학의 기술 이전 전담 조직의 개요는 아래 〈그림 2〉와 같다.[29]

[그림 3-11] 대학 기술 이전 전담 조직 표준 조직도

---

29) 이기영, "대학의 지적 재산권 기술 이전 활성화 방안", 경북대학교 대학원 석사학위논문, 2013. 6. (26~36page)

(1) TLO 조직 구성

가) 총장

총장은 상아탑, 대학을 대표하며 업무를 총괄하고, 특허 등 지적 재산권 정책을 총괄하고 있다. 특히 총장은 교직원의 직무 발명 신고 시 발명의 승계 여부에 관하여 결정한다.

나) 특허 심의 위원회

지적 재산권 관리 규정에 의거하여 대학 내 발명에 대한 승계 여부 및 출원에 대한 심사를 담당하는 조직이다.

다) 운영 위원회

대학 기술 이전 전담 조직 운영 목적과 기본 방침을 결정하고 운영 에 따르는 제반 문제를 협의하는 기구이다.

라) 기술 이전 전담 조직 센터장

기술 이전 전담 조직 센터장은 일반적으로 대학 전임 교원 중 총장 이 임명하며, 특허 심의 위원회와 운영 위원회의 의장을 겸한다. 센 터장은 특허 심의 위원회의 의장으로서 교직원의 발명이 직무 발명 인지의 여부와 승계 여부, 외국 출원의 여부 등을 결정하여야 한다. 대학이 보유하고 있는 지적 재산권 및 노하우(Know-How) 등에 대하여 제3자와의 기술 실시 계약 및 기술료 납부에 관하여 운영 위원회의 심의 결과를 거쳐 실시 계약을 승인한다.

마) 사무국

사무국은 지적 재산권에 대한 기획, 조사, 관리, 기술 관련 자료의 등록, 보관, 관리 및 활용 업무, 기술 이전 추진에 따른 제반 업무, 기술 이전 계획 수립 및 추진 전략 수립 등의 업무를 담당한다.

(2) 업무 추진 절차

TLO의 일반적인 업무 영역은 다음과 같다.
- 대학 및 발명자의 개발, 연구 기술 확보 및 전산화
- 기술에 대한 사업성 및 상업적 가치 평가
- 특허의 출원, 등록 등 지적 재산권화에 대한 절차 수행
- 특허 출원의 여부 판단
- 특허의 출원 관리/비용 지원 업무
- 직무 발명의 승계
- 기술 이전 및 활용에 의한 수익금 배분
- 기술 이전 및 사업화 촉진
- 산업계의 연구 성과에 관한 기술 정보의 제공
- 기술 이전에 대한 사후 관리

대학 기술 이전 전담 조직(이하 TLO)은 통상 6단계를 거쳐 기술 이전 업무를 수행한다.

첫 단계는 개발자의 발명을 TLO에 신고하는 발명 신고 단계이다, 발명자가 발명 신고서, 양도증, 선행 기술 자료 조사서 등을 TLO에

21세기 기술 사업화

제시하면, TLO는 접수 번호와 담당 기술 거래사를 결정해야 한다. 발명 신고서에는 발명의 명칭, 발명 내용, 참여 개발자, 발명의 공개 여부 등에 대해서 기록하게 되어 있다.

두 번째 단계는 기술성의 평가(Invention Evaluation)이다. 기술 거래사는 제조 가능성, 신규성, 잠재 응용 분야, 잠재 시장에 대해서 개발자와 토론한 뒤, 기술성 평가서를 작성한다.

기술 이전의 세 번째 단계에서는 특허 심의 위원회에서 발명품의 승계 여부 및 출원 심의를 하여 발명품의 특허 출원을 한다. 이때 해당 발명품에 가장 전문성을 가진 변리사를 선정하여 특허 출원을 의뢰하게 된다. 출원된 모든 기술에 대한 소유권은 대학이 갖게 되는바, 특허 출원이 일단락되면 기술 거래사는 라이센싱을 준비한다.

라이센싱은 네 번째 단계에 속한다. 하지만 개별 신기술마다 특징이 있기 때문에 각각의 라이센싱에 대한 전략 수립이 필요하다. 예를 들면 폭 넓게 응용 분야를 가진 원천 기술의 경우 비독점 라이센싱 방식을 택하는 반면, 기술 수요자가 상당한 투하 자본이 수반되는 기술의 경우에는 독점 실시권을 허여한다. 또한, 기술 거래사는 라이센싱 전략 수립을 위해 시장 및 기술 정보 수집, 잠재 기술 수요자 파악, 자본 조달처 파악 및 시장 리스크 조사 등을 수행한다.

다섯 번째로 기술 라이센싱 활동을 실행하는 단계이다. 기술 거래사는 특허 기술을 라이센싱할 수 있도록 자료화한 뒤, 판촉 활동을 거쳐 잠재 기술 수요자를 파악하게 된다. 이 때 기술 수요자는 발명 기술에 대해서 직접 평가할 기회를 요청하게 된다. 이 때 Tlo 소속 기술 거래사는 비밀 유지 계약을 잠재 기술 수요자와 체결하고 신기술에 대한 관련 자료 및 샘플을 넘겨준 뒤, 기술 수요자와 라이센싱 협상에 착수하게 된다. 개발자가 스핀오프 방식에 의해 창업을 할 경우 기술 거래사는 사업 계획 수립, 자본 조달, 인력 채용 등의 측면에서 지원하게 된다.

대학 기술 이전의 마지막 단계인 여섯 번째로는 라이센스 수입 대금의 결제 과정이다. 이때 기술 수요자는 재무와 개발 보고서를 Tlo에 제출할 의무를 갖게 된다. Tlo는 제공한 기술에 대한 모든 로열티 및 선불금을 수납한다. 스탠포드 Tlo의 경우는 수납한 수입의 15%를 운영 경비로 사용하고 나머지 잔여금을 개발자, 대학, 개발자 소속과에 각각 1/3씩 배분하고 있다. 그러나 손영수(2010)가 조사한 자료에 따르면 국내 대학인 경북대학교의 경우에는 특허 관련 비용과 기술 이전 관련 비용 등의 경비를 공제한 후 발명자에게 70%의 보상금을 지급하고, 나머지 30%는 대학교에 징수하도록 규정하고 있다. 때때로 기술 거래사는 기술 수요자의 성과를 측정한 뒤, 현실 상황을 고려하여 기존 계약 내용을 수정하기 위한 추가 협상을 시도하기도 한다. 기술 이전 관련 업무 흐름은 아래의 [그림 3-12]와 같다.

[그림 3-12] 기술 이전 관련 업무 흐름도

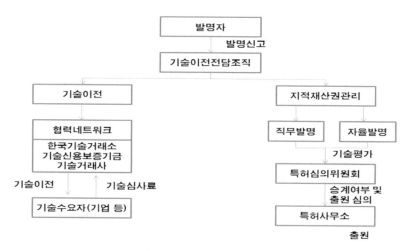

(3) TLO의 설립 및 운영 현황

가) TLO의 설립 현황

최근 대학들은 특허권을 중심으로 한 기술 이전 활동의 중요성을 인식하게 되었으며, 이의 활성화를 위해 다각적으로 대처하고 노력하고 있다. 우선 이러한 대학들의 기술 이전 형태를 보면 다음과 같다.[30]

첫째, 정부의 지원으로 태동한 기술 이전 컨소시엄 사업에 적극 참여하는 방법이다. 현재 KAIST, KIST, RIST 및 한국생산기술연구원 4곳을 거점으로 지정하여 수행 중이며, 이에 각 대학들이 참여해 활동하고 있다. 둘째, 한국산업기술진흥협회에서 지원하는 UNITEF

---

30) 이기영, 전게서 (26~36page)

에서 특허 경비 지원 사업과 중소기업 애로 기술 개발 사업에 참여하는 방법이다. 셋째, 중소기업청의 기술 이전 센터 사업이다. 넷째, 전국의 테크노파크(TP) 사업과 창업 보육 사업에 참여하는 방법이다. 다섯째, 한국연구재단의 연구 성과 확산 사업에 참여하는 방법이 있다. 또한, 기타 여러 경로로 대학들의 기술 이전 형태를 강구하는 점은 매우 고무적이라 할 것이다.

한편, 중소기업청 지원으로 대학교의 산학 협력단 내에 설치되어 운영되는 기술 이전 전담 조직(TLO)이 있으며, 교육부는 2011년에 대학과 기업 간 기술 이전 촉진과 활성화를 위해 2단계로 대학 선도 기술 이전 전담 조직(TLO) 30개를 신규 선정해 규모에 따라 평균 1억 5000만~3억 원씩 5년간 지원하고 있다.

또한, 기술 이전 전담 조직(TLO) 중 기술 이전 및 사업화 역량이 우수하고, R&D 규모가 크며 보유 기술이 많은 대학인 '선도형(독자형)' TLO에는 22개 대학을 선정해 연간 1억 5000만~3억 원씩 5년간 지원하고, 상대적으로 선도형에 비해 기술 이전 및 사업화 역량이 다소 미흡한 대학을 '컨소시엄형'으로 지정하고, 컨소시엄형에는 8개 대학과 2개 특허 법인을 선정해 컨소시엄 당 연간 5억 5000만 원을 지원한다. 상기와 같은 '선도형'은 수도권 12곳(건국대, 경희대, 고려대, 동국대, 서강대, 서울대, 성균관대, 아주대, 연세대, 인하대, 중앙대, 한양대), 충청권 3곳(충남대, 충북대, 한국과학기술원), 호남권 3곳(광주과학기술원, 전남대, 전북대), 대경권 1곳(포스텍), 동남권 2곳(경상대, 부산대), 특별경제권 1곳(강원대) 등 22곳을 선정했으며, '컨소시엄형'에는 수도권(가톨릭대, 숭실대,

21세기 기술 사업화

이화여대), 충청권(호서대), 호남권(목포대), 대경권(경북대, 영남대), 특별
경제권(강릉원주대) 등 대학 8곳과 리앤목, 다나 등 특허 법인 2곳이 선
정된 바 있다.

　상기와 같은 대학 기술 이전 전담 조직(Tlo) 육성 지원 사업(커넥트코리
아 사업)은 2011년도부터 교육부가 추진해 왔으며, 기술 이전 전담 조직
의 인건비와 기술 이전 사업화 비용 등을 지원하고 있다. 지난 5년간
(2006~2010) 1단계 대학 기술 이전 전담 조직(Tlo) 육성 지원 사업은 대학
의 지적 재산 가치를 늘리고, 연구 개발(R&D) 생산성 향상과 기술 사
업화를 통해 대학의 연구력을 높였으며 국가 경쟁력 강화에 기여하였
다. 이에 2006년 사업 초기 64억 원에 불과하던 18개 대학의 기술료
수입이 2010년 248억 원으로 5년 만에 거의 3배(288%)가 증가되는 성과
를 낳았다. 교육부는 2011년도부터 선도 대학 Tlo의 경우 기술 이전,
사업화 인프라 및 경험을 확대 · 발전시켜 자립화를 유도하는 한편,
후발 대학 Tlo를 대상으로 역량 강화에 역점을 두고 있다. 또한, 후발
대학 Tlo는 특허 법인과 컨소시엄을 구성해 전략적 협업 체계를 구축,
대학이 지적 재산 관리 · 기술 거래 전문 기관의 인적 자원과 노하우를
지원받을 수 있게 되었다. 한편, 교육부와 한국연구재단은 대학이 재
원 확충 다변화 방안의 기회로 활용할 수 있도록 2015년까지 지원 대
상 대학을 40곳으로 확대, 선도 대학 Tlo 자립화 유도 등을 중점 추진
할 계획이다.

　국내에서는 다수의 대학과 연구소 등이 기술 이전 전담 조직(TLO)

을 운영하고 있다. 2006년을 기준으로 기술 이전 전담 조직(TLO)을 설치·운영하면서 대학기술이전협의회의 회원으로 있는 대학의 수는 43개에 달한다. 2009년 대학기술이전협의회의 백서에 따르면 국내대학의 기술 이전 전담 조직(TLO)은 아직까지 열악한 실태이며, 기술 이전 전담 조직(TLO)의 직원 중 비정규직이 차지하는 비율이 68%에 달하고 있는 실정이다. 이로 인하여 기술 이전 전담 조직(TLO)는 안정적으로 근무할 수 없는 상태이며, 이직률이 상당한 수준이다. 기술 이전 전담 조직(TLO)의 직원 연봉 비율을 보면 2,000만 원 미만인 직원이 전체의 65%이며, 특히 1,500만 원 미만인 직원은 전체의 33%를 차지한다. 그리고 비정규직의 연령대를 보면 30세 미만이 70%이다. 또한, 이공계 출신이 48%, 학사 출신이 전체의 80%를 차지하는 등 전문적인 지식을 갖추고 유지하기가 힘든 실정이다.

산업통상자원부의 '06년 기술 이전 현황 조사 결과'에 따르면 2006년 기준 조사에 응한 121개 대학 전체의 당해 연도 기술 이전 건수는 715건으로 기술 이전율은 13.6%에 그쳤다. 또한, 대학 중에서 특허·연구 관리 및 기술 이전 등을 담당하는 전담 인력을 1명 이하로 보유한 곳이 전체 기관 중 무려 42.1%(51개 기관)에 달하며 기관당 평균 인력(비상근 포함)은 3.6명에 불과한 상황이다. 그나마 기술 이전 상담·계약 업무를 전담하는 인력은 54.6명으로 전체 인력 중 9.1%를 차지한다. 2006년 말까지 전체 기관의 누적 기술료 수입은 총 314억 9800만 원이며, 2006년의 전체 기관 연간 기술료 수입은 총 80억 2백만 원에 머무르고 있는 실정이다.

나) 연구소 기술 이전 전담 조직

대학의 기술 이전 전담 조직(TLO)에 대응하여, 각 연구 기관에도 기술 이전 전담 조직(TLO)이 활발하게 운영되고 있다. '13년 9월 지식경제부의 지원에 의해 아래와 같이 국가의 기술 이전 전담 조직 및 기술 사업화에 대한 통계 조사가 이루어졌다. 「기술의 이전 및 사업화 촉진에 관한 법률」 제8 조에 의거하여 제2 조 제6 호에 규정된 공공 연구 기관(대학, 연구소)을 대상으로 기술 이전 현황 등을 조사했다. 275개 기관(대학 152개, 공공 연구소 123개)을 조사 대상 기관으로 설정하였으며, 조사 대상 기관 275개 기관(대학 152개, 공공연구소 123개) 중 252개 기관이 응답하여 응답률은 91.6%였다.[31]

〈표 3-26〉 응답 기관 분포와 응답률

구분		조사 대상 기관	응답 기관	응답율(%)
공공 연구소	국공립 시험 연구 기관	59	51	86.4
	정부 출연(연) 부설 연구 기관	27	27	100.0
	기타 공공 연구소	37	32	86.5
	소계	123	110	89.4
대학	국공립대학	29	28	96.6
	사립대학	123	114	92.7
	소계	152	142	93.4
합계		275	252	91.6

---

31) 김영준, "국내외 기술 이전 사업화 통계 현황 및 관리 체계 개선 방안", 고려대학교 산학협력단, 2013. 9.

응답 기관 중 1건 이상의 기술을 보유하고 있는 기관은 220개, 기술 이전 실적이 있는 기관은 175개로 조사되었다.

〈표 3-27〉 기술 보유 및 기술 이전 실적 현황

구분		조사 대상 기관	응답 기관	기술 보유기관	이전실적 경험기관
공공 연구소	국공립 시험 연구기관	59	51	36	21
	정부 출연(연) 부설 연구기관	27	27	27	24
	기타 공공 연구소	37	32	30	24
	소계	123	110 (89.4%)	93 (84.5%)	69 (62.7%)
대학	국공립대학	29	28	28	29
	사립대학	123	114	99	77
	소계	152	142 (93.4%)	127 (89.4%)	106 (74.6%)
합계		275	252 (91.6%)	220 (87.3%)	175 (69.4%)

응답 기관 중 기술 보유 기관은 220개 기관(87.3%)이며, 응답 기관 중 기술 이전 실적이 있는 기관은 175개 기관(69.4%)으로 파악되었다. 기술 이전 실적 보유 기관은 175개 기관으로 '07년 118개 기관에서 약 48% 증가된 것이다.

※ 기술 이전 실적 보유 기관 : 118개('07년) → 137개('08년) → 149개

('09년) → 158개('10년) → 175개 ('11년)

　기술 이전 · 사업화 업무 수행 기관은 192개 기관으로 조사되었으며, 전담 부서를 보유하고 있는 공공 연구 기관은 172개로 조사되었다. 기술 이전 · 사업화 업무와 기술 이전 · 사업화 전담 부서는 아래와 같은 기준으로 설정하여 조사된 결과이다.

* 기술 이전 · 사업화 업무 : 기술 알선, 기술 평가, 기술 거래, 기술 정보 유통과 개발된 기술을 이용하여 제품의 개발 · 생산 및 판매 등의 지원 업무
** 기술 이전 · 사업화 전담 부서 : 기술 이전, 창업 보육, 특허 출원 및 관리 등의 업무를 하는 조직으로 대학의 기술 사업화 센터나 산학 협력팀, 공공 연구 기관의 기술 사업화 센터, 연구 성과 확산팀, 지식재산 경영팀을 의미

〈표 3-28〉 기술 이전 사업화 전담 부서 형태

연도	기술 이전 사업화 업무 수행 여부		전담 부서 형태	
	유	무	기관 내 부서/별도 법인	미 보유
2011	192(76.2%)	60(23.8%)	172(68.3%)	80(31.7%)
2010	188(74.3%)	65(25.7%)	160(63.2%)	93(36.8%)

　기술 이전 · 사업화를 전담으로 하는 인력 수만 비교한 경우에도 평균 4.00명으로 미국(평균 5.93명, '10년 기준), 캐나다(평균 5.50명, '10년 기준), 일본(평균 6.1명, '10년 기준)보다 적은 것으로 나타났다. 아래의 〈표 3-29〉와 같이, 대학의 기술 이전 · 사업화 전담 조직은 119개, 연구소의 기술 이전 · 사업화 전담 조직은 51개로 추정할 수 있으며, 평균 6.15명이 업무를 수행하고 있는 것을 알 수 있다.

〈표 3-29〉 전담 부서 보유 기관의
2011년 기술 이전 · 사업화 업무 수행 인력(FTE 기준)

구분	전담 부서 내		전담 부서 외	기술 이전 · 사업화 전담 및지원 업무 평균 인력	기술 이전 · 사업화 전담 업무 평균 인력
	기술이전 · 사업화 업무수행자	기술이전 · 사업화 지원업무수행자	기술이전 · 사업화 업무수행자		
대학 (n=119)	251.5명	173.7명	115.7명	4.55명	3.09명
연구소 (n=51)	238.0명	87.5명	75.6명	7.86명	6.15명
계 (n=170)	489.5명	261.2명	191.3명	5.54명	4.00명

* 기술 이전 · 사업화 전담 인력 계산 시 기술 이전 · 사업화 지원 업무 수행자는 제외

다) 벤처 기업의 기술 사업화

기술 수명 주기가 점차 짧아지고, 급진적 혁신이 빈번하게 출현하는 환경 하에서 환경이나 시장의 불확실성, 경쟁의 가변성 등을 잘 극복하고 성장을 주도하기 위하여 종래의 대규모, 대량 생산, 획일화된 의사 결정의 틀에서 벗어나 강력한 혁신 주도, 신속한 의사 결정과 빠른 환경 적응 등을 수행할 수 있는 기업 형태의 필요성이 더욱 강조되고 있다. 이러한 추세에 맞춰 혁신에 의한 신기술 창출, 창출 기술의 시장 확산 등에 따른 높은 위험을 감수하는 동시에 높은 성공 대가를 추구하는 기업이 출현하게 된 것이 바로 벤처 기업이다.[32]

---

32) 이원훈, "IT 중소 벤처 기업의 기술 사업화 전략 모델 개발", 건국대학교 대학원 박사학위논문, 2008. 5. (41~44page)

따라서 벤처 기업에 대한 일률적인 개념적 정의가 존재하는 것은 아니며 필요에 따라 다양하게 정의되고 있다. 미국의 경우 벤처 기업에 대한 정의는 「중소기업 투자법(Small Business Investment Act)」에 "다른 기업보다 상대적으로 위험성이 크나 성공할 경우 높은 기대 수익이 예상되는 신기술 또는 아이디어를 독립 기반 위에서 영위하는 신생 기업(New Business With High Risk, High Return)"으로 정의하고 있으며, 고도의 기술 집약적 창업 기업(High-Tech Starts-Up, High-Tech Venture)이나 모험 자본(Venture Capital)으로부터 투자를 받은 기업이라고 보고 있다.

또 일본의 경우 「중소기업의 창조적 사업 활동 촉진에 관한 임시 조치법」에서 제시된 내용을 중심으로 보면 "중소기업으로서 R&D 집중도가 높은 기업" 또는 "기술 혁신이나 기술적 우월성이 성공의 주요 요인인 기업"으로 정의하고 있다. Oecd에서는 벤처 기업을 특별하게 규정하지 않는 대신 R&D의 집중도가 높은 기업 또는 성공의 핵심 요인이 기술적 우월성 및 기술 혁신에 있는 기업이라고 보고 있다. 우리나라의 경우 「벤처 기업 육성에 관한 특별 조치법」 제2조의 2(벤처기업요건)에 의하면 벤처 기업이란 중소기업으로서 벤처 캐피탈 투자 기업, 신기술 개발 기업, 기술 평가 기업(중소기업청) 중 하나에 해당하는 기업을 지칭하는데 이러한 기준으로 볼 때 벤처 기업에 대한 정의는 정책적 수단을 통해 일류 기술 기업을 육성하기 위한 지원 대상으로 보고 있는 것이다.

<표 3-30> 벤처 기업의 유형

벤처 기업의 유형	범위
벤처 캐피탈 투자 기업	벤처 캐피탈의 신구 인수 총액이 자본액의 10% 이상이고, 6개월 이상 그 지분이 유지되는 기업
연구 개발 기업	직전 4분기의 연구 개발비가 5,000만 원 이상이고, 매출액에 대한 연구 개발비 비율이 5% 이상인 기업
신기술 기업	특허, 고도 기술 수반 사업 및 산업 지원 서비스 산업과 관련된 기술, 이전받은 기술, 정부 출연 연구 개발 기술을 사업화하는 기업으로 평가 기관으로부터 우수 평가를 받은 기업

이상에서의 벤처 기업에 대한 정의들을 토대로 벤처 기업에 대한 개념을 살펴보면 '개인 또는 소수의 창업자가 위험은 높지만 성공할 경우 높은 기대 수익이 예상되는 신기술이나 아이디어를 독자적인 기반 위에서 사업하려는 신생 중소기업'으로 정의할 수 있으며, 법적 제도적 측면에서는 벤처 투자 기업, 연구 개발 기업, 기술 평가 보증 기업 및 대출 기업으로 「벤처 기업 육성에 관한 특별조치법」에 벤처 기업 확인을 받은 기업으로 정의할 수 있다.

벤처 기업은 국가 혁신 체계에서의 위치, 글로벌 환경 변화에서 언급하는 위치, 기업 자체의 성격 등의 측면에서 그 특징을 아래와 같이 정리할 수 있다.

1) 국가 정책적 성격
국가 정책적 측면에서 벤처 기업의 특징을 살펴보면 벤처 기업은 첫째, 국가 경쟁력의 원천이며 둘째, 새로운 산업 구조 편성의 주도적 역할의 담당자이며 셋째, 국가 차원의 과학 기술력의 원천이다. 넷째, 연구 개발 및 산업의 연계 고리이며 다섯째, 고부가 가치와 고도 전문 인력 공급 및 창출의 결합점의 성격을 가지고 있다.

2) 기업 가치 지향적 성격

기업의 가치 창출 측면에서의 벤처 기업의 특징은 첫째, 고도의 전문 능력과 전문 기술을 갖춘 고학력자로 구성되는 특징이 있으며 둘째, 생태계적 사고에 의한 발상의 전환과 외부 자원의 활용이 필요하며 셋째, 감성과 기술이 결합한 젊은 세대의 기업가로 구성되며 넷째, 장인 정신, 헝그리 복서 정신, 탐험가 정신, 따뜻한 마음의 결합과 다섯째, 수평적 인간 중심의 조직 및 구성원들의 능력 발휘가 중시되는 성격을 지닌다고 보고 있다.

3) 사업적 성격

사업 측면에서 벤처 기업의 특성을 살펴보면 첫째, 높은 R&D 비율과 높은 기술 인력의 구성비가 요구되며 둘째, 창업자 배경과 관련성이 큰 기술이며 셋째, 매출액이나 부가 가치, 수익성 등에서 고성장이 예상되는 분야의 사업이다. 넷째, 기술 수용 수명 주기를 중시해야 하며 다섯째, 니치마켓을 중시하고 여섯째, 첨단 기술 집약 단지와 시장의 연계 지역에 입지를 고려해야 하는 특성을 가지고 있다.

4) 벤처 기업의 현황

대한상공회의소의 '벤처 기업 10년, 성과와 과제' 보고서에 의하면 1998년 2,042개에 불과했던 벤처 기업이 2014년 2월 기준으로 28,990개로 늘어났다.

〈표 3-31〉 벤처 기업 수 증감 추이

구분	업체 수	비고
'98년도	2,042	
'99년도	4,934	
2000년도	8,798	
2005년도	9,732	
2010년도	24,645	
2011년도	26,148	
2012년도	28,193	
2013년도	29,135	
2014년도	28,990	

라) 벤처 캐피탈

1) 벤처 캐피탈의 의의

벤처 캐피탈은 위험성과 수익성을 함께 지니는 기타 금융 기관이다. 벤처 캐피탈은 벤처 기업에 자금을 지원하므로 금융 기관의 기능을 수행하고 있다. 벤처 캐피탈은 고급 기술을 보유하고 있지만 경영 기반이 취약하여 성장에 애로를 겪는 창업 초기의 기술 집약적 벤처 기업을 발굴하여 투자하는 역할을 한다. 벤처 캐피탈은 투자 가치가 높지만 위험 또한 높아 위험 부담을 감수하면서 투자·융자 등의 자금을 공급하고, 더불어 경영 지도를 함으로써 기업을 성장시키고, 성장 과실을 자본 이득으로 회수하는 회사를 말한다. 벤처 캐피탈은 일반 금융 기관과 달리 경영 지원과 투자 기업의 가치 증대를 극대화하고, 투자 금액을 회수하는 기능도 병행하고 있다.[33]

우리나라의 벤처 캐피탈은 「여신전문금융업법(법률 제5374 호, 1997. 8. 28. 제정)」에 의한 "신기술 사업 금융업자"와 「중소기업창업 지원법(법률 제8362 호, 2007. 4. 11. 제정)」에 의한 "창업 투자 회사"가 있다. 신기술 사업 금융업자는 금융 위원회의 소관이며, 창업 투자 회사는 중소기업청의 소관으로 소관 부처와 관련 법률이 다른 이원적 구조를 지니고 있다.

2) 한국 모태 펀드

국가에서는 2005년부터 한국 모태 펀드(Korea Fund Of Funds : Kfof)를 운용하고 있다. 정부는 기술 혁신과 고용 창출의 원천인 중소기업을 우리 경제의 성장 저변으로 육성하기 위하여 모태 펀드를 조성하여 창업 투자 펀드 및 중소기업 투자 사모 펀드(Private Equity Fund : Pef) 등에 대한 투자를 확대하고 있다.

일반적으로 모태 펀드(Fund Of Funds)는 기업에 직접 투자하기보다

---

33) 신기훈, "벤처 캐피탈의 보증 역할이 벤처 기업 신규 공모주의 조가 발행에 미치는 영향", 서울벤처대학원대학교 벤처경영학과 박사학위논문, 2014. 1. (11~16page)

개별 펀드(투자 펀드)에 출자하여 직접적인 투자 위험을 감소시키면서 수익을 추구하는 펀드이다. 전체 출자 자금을 하나의 펀드(母펀드)로 결성하고, 母펀드를 통해 펀드 운용사가 결성하는 투자 펀드(子펀드)에 출자하는 펀드 구조이다.

정부는 모태 펀드를 설립하고 이를 통해 하위의 자펀드에 출자, 자펀드가 중소·벤처 기업에 투자하는 간접 지원 체제로 운용하고 있다. Kfof는 「벤처 기업 육성에 관한 특별 조치법」에 설립 근거를 두고 있으며, 벤처 캐피탈을 통해 중소·벤처기업에 대한 안정적인 투자 재원 공급을 주요 운용 목적으로 하고 있다. 동 펀드는 그간 당해 연도 배정 예산의 소진 방식에서 탈피하여 시장 상황 및 투자 수요 등을 종합적으로 고려한 운용으로 민간의 벤처 투자 시장 참여를 확대하고, 재투자(Revolving) 방식으로 30년간 운용함으로써 중소·벤처 기업에 대한 안정적인 투자 재원 공급을 가능하도록 하였다.

Kfof의 운용 기관은 한국벤처투자㈜(Kvic : Korea Venture Investment Corp.)이다. 현재 Kfof의 운용 기관인 Kvic의 설립 목적은 중소·벤처 기업의 성장과 발전을 위한 투자 촉진, 혁신형 중소·벤처 기업에 대한 안정적인 투자 재원 공급, 벤처 캐피탈의 활성화 및 선진화 등에 있다. 주요 사업은 중소기업 및 벤처 기업에 대한 투자를 목적으로 설립된 펀드 등에 대한 출자, 중소·벤처 기업에 대한 투자, 해외 벤처 투자 자금의 유치 지원, 중소기업 창업 투자 회사의 육성 등에 있다. 현재 국내 창업 투자 회사들은 Kfof의 출자금을 종자돈(Seed Money)으로 하여 타 출자자들로부터 자금을 유치하고 벤처 투자 펀드를 결성, 벤처 기업에 투자하고 있다. Kfof는 펀드 결성 총액의 30~70% 범위 내에서 출자하고 있다. 초기 기업, 지방 소재 기업, 정책적 목적을 위해 설립되는 펀드는 결성 비율 등에서 우대하고 있다.

3) 벤처 캐피탈의 기능과 역할

벤처 캐피탈은 주된 기능인 벤처 기업에 자금을 지원하는 기능 (Bygrave And Timmons, 1992) 이외에 부가 기능으로 성장 지원 기능(Admati And Pfleider, 1994), 기업 공개 지원 기능(Barryet Al., 1990) 등이 있다. 이러한 벤처 캐피탈의 기능은 기능별로 실증 결과를 보고하고 있지만 실제 벤처 캐피탈이 수행하는 기능은 벤처 기업에 자금을 지원하는 기능, 성장 지원 기능, 기업 공개 지원 기능 등 여러 기능이 혼합되어 있다.

벤처 캐피탈의 기업 공개 지원 기능은 벤처 기업의 성장에 대한 결실, 즉 벤처 기업을 주식시장에 상장하여 투자 자금을 회수할 때 벤처 캐피탈이 가지고 있는 명성 자본을 이용하여 기업 가치를 극대화하도록 지원하는 기능이다. 이러한 기능은 벤처 캐피탈이 벤처 기업의 이해관계자를 대상으로 벤처 기업을 보증하는 역할을 수행함으로써 이루어진다. 제3자의 보증 역할은 발행 기업의 내부 관계자와 외부 투자자가 상이한 정보 집합을 갖고 있는 자본 시장에서 IPO시 의미를 갖는다. 즉 발행 기업의 내부 관계자는 새로이 발행되는 증권이 시장에서 높은 가격으로 판매될 수 있도록 불리한 정보를 숨기려고 하거나 적어도 불리한 정보의 공시를 연기하려고 하는 문제를 벤처 캐피탈이 개입함으로써 해결할 수 있다고 보는 것이다. 다시 말하면 벤처 기업의 정보 비대칭성이나 대리인의 문제를 벤처 캐피탈이 완화하는 역할을 한다는 주장이다. 그러므로 벤처 캐피탈 투자 기업이 벤처 캐피탈 미 투자 기업보다 IPO 가격이 시장 가격에 근접하게 결정된다. 이는 벤처 캐피탈이 벤처 기업을 지원하고 보증하는 데 대한 신뢰성과 전문성이 기관 투자가를 비롯한 시장 참여자에게 널리 알려지고, 그에 상응하는 부가 가치가 제공되고 있기 때문이다. 더 나아가 벤처 캐피탈은 해당 벤처 기업의 주식 지분을 조절함으로서 상장 요건을 충족시키는 역할을 담당한다. 즉 규정이나 조건 때문에 벤처 기업이 주식을 매각해야 할 경우 벤처 캐피탈은 해당 벤처 기업의 요청에 따라 필요한 주식을 직접 매입하거나 매입 중개 역할을 하기도 한다.

4) 벤처 기업과 벤처 캐피탈의 관계

벤처 캐피탈과 벤처 기업은 상호 관계에 있다. 벤처 기업은 벤처 캐피탈로부터 지분 참여에 의한 자기 자본 충실화로 재무 구조가 개선된다. 뿐만 아니라 벤처 캐피탈로부터 금융과 경영 서비스를 지원받음으로써 자본 조달의 안정화에 기여할 수 있으며, 금융 비용과 관리 비용을 절감할 수 있다.

한편, 벤처 캐피탈은 벤처 기업에 높은 위험이 있으나 벤처 기업이

21세기 기술 사업화

새로운 기술, 노하우를 바탕으로 빠르게 시장에 진입하여 높은 수익성과 성장성을 보인다면 IPO로 투자 자금을 회수할 수 있다. 뿐만 아니라 여타 투자 자산보다 높은 자본 이득을 수확할 수 있는 상호 관계가 형성된다. 따라서 벤처 기업의 특성을 감안한다면 벤처 기업의 자금 공급은 간접 금융의 형태인 은행으로부터 자금을 공급받기보다 직접 금융의 형태인 벤처 캐피탈로부터 자금을 공급받는 것이 효과적이다. 벤처 기업이 벤처 캐피탈로부터 자금을 조달함이 바람직한 이유이다.

〈표 3-32〉 벤처 기업의 특성과 금융 구조

벤처 기업의 특성	벤처 캐피탈의 특성	은행의 특성
High Risk High Return (젊은 경영자가 운영)	High Risk High Return	High Risk Low Return
자산이 없는 Starting Up Company	미래 기술력 주관적 판단	담보 자산 요구 객관적 자료 (재무제표)
투자 회수 기간의 장기화	장기 투자 기간	단기 여신 기간

마) 혁신 클러스터

「클러스터」라는 말의 어원은 포도송이와 같은 '덩어리'를 말하는데, 보통 '송이', '덩어리' 등으로 번역된다. 즉, 다수의 주체(포도알)가 유기적으로 서로 연계되어, 하나의 덩어리를 형성하는 형태를 표

현하는 개념으로 지역 경제권의 산업 및 사회 구조 분석에 이용하게 되었다.[34)]

1) 혁신 클러스터의 개념 및 구성 요소

클러스터는 오랜 역사를 가지고 있으며, 이미 수세기 전부터 몇몇 산업이 특정 지역에 집중되는 현상으로 나타났다. 클러스터 이론은 알프레드 마샬(Alfred Marshall)이 1980년 경제 원론에 '전문화된 산업 입지의 외연성'이라는 글에서 산업 지구의 개념을 제시하면서부터 시작되었다. 이후 19년대 초 포터(Michael Porter) 교수가 국가 경쟁 우위(The Competitive Advantage Of Nations, 1990)에서 국가의 경쟁력을 설명하는 다이아몬드 모델을 제시하면서, 경쟁력이 높은 국가의 핵심적인 요인은 소수의 지역적 군집에 의해 주도됨을 주장하며 클러스터의 중요성을 역설한 이후, 클러스터라는 용어가 일반적으로 사용되기 시작했다.

그리고 클러스터에 대한 논의는 1999년대 후반에 지역 혁신 체제(Ris : Regional Innovation System)에 대한 연구로 이어지면서 지역에 집적된 산업 군집과 기업 및 산업 경쟁력과의 관계를 규명하면서 증대되기 시작하였다.

---

34) 정경희. "한국과 일본의 혁신 클러스터 육성 정책에 관한 비교 연구", 강원대학교 대학원 행정학과 박사학위논문, 2008. 2. (11page)

집적과 클러스터 그리고 혁신 클러스터의 개념을 구분해 보면 집적은 기업 중심으로 구성되어 있으며, 비용 절감을 목적으로 형성되어 입주 기업 간 연관성이 낮고, 동일 업종의 지리적 집적 및 연계를 강조한다. 반면, 클러스터는 특성 산업 내 가치 사슬과 관련된 산업 간의 연관 관계 속에서 상호 유기적인 분업 및 협력 관계를 맺고 있는 다수의 기업들이 일정 지역에 입지해 있는 상태이다. 따라서 집적과 클러스터 모두 지리적 집적 및 연계를 강조하지만, 집적은 동일 업종의 지리적 집적·연계를 강조하며, 기업과 관련 기관들 사이의 지식의 흐름을 도외시하고, 특히 지원 시스템이나 구성 주체 간의 협력과 신뢰를 고려하지 않는다는 점에서 클러스터와 차이가 있다. 그리고 혁신 클러스터는 기업뿐 아니라 연구소, 대학, 지원 기관 등이 일정 공간 또는 지역에 입지하여 상호 협력 시스템을 구축한 상태를 의미한다. 즉, 산업에 관련되는 기업은 물론, 이들 기업과 연구소, 대학과 같은 연구·교육 기관들도 네트워크를 구축, 정보 교류와 더불어 기술 개발 및 제품 개발 등에 시너지 효과를 발생한다. 따라서 혁신 클러스터는 산업이나 기업뿐 아니라 지식의 창출, 확산까지 포괄하는 종합적인 시스템을 강조한다는 점에서 산업 간 연계 관계에 초점을 두는 클러스터와 차이가 있다.[35]

혁신 클러스터의 대두 배경은 시장 실패에 대한 대응, 생산 체제

---

35) 조은설, "우리나라 혁신 클러스터 육성 정책의 다원적 정책 모니터링 연구", 강원대학교 대학원 행정학과 박사학위논문, 2014. 2.(22~42page)

변화에 대한 적응, 지역 중소기업의 육성, 내생적 지역 개발 전략의 측면에서 볼 수 있다. 먼저 첨단 중소기업을 중심으로 일자리 창출 제고와 산업 구조화를 통해 지역 발전을 도모하기 위해서 혁신 클러스터가 등장했다. 둘째, 대량 생산 체제에서 유연한 전문화 체제로의 이전이라는 생산 체제의 변화는 지역 발전과 경제 발전에 있어서 패러다임을 변화시켰고, 이에 따라 중소기업이 지역적 신뢰성에 바탕을 둔 기업 간의 네트워크와 학습을 중시하게 되어 혁신 클러스터가 대두되었다. 그리고 혁신 클러스터는 주로 지역 중소기업을 육성하기 위한 정책으로서의 필요성과 중소기업의 혁신 역량과 경쟁력 강화에 초점을 둔 내생적 지역 개발 전략으로서 부상했다.

클러스터와 혁신 클러스터에 대한 학자들의 개념 정의를 살펴보면 주로 지리적 집적과 클러스터 내에서의 네트워크를 강조하고 있다. 먼저 클러스터에 대한 개념 정의를 보면 Roelandt & Hertog(1999)는 클러스터란 "동일한 최종 생산물 시장이나 동일한 산업군에 속한 기업 간에 이루어지는 수평적 네트워크이며 나아가 R&D, 전시, 마케팅, 구매 등에 대한 단순한 협력을 뛰어넘는 개념"이라고 하였다. 즉, 클러스터는 "특별한 연계성이 있거나 혹은 특별한 지식 기반에 특화된, 상이하거나 혹은 보완적인 기업들로 이루어진 종적·횡단적 산업 간 네트워크"라고 정의하였다. Porter(1998)는 클러스터의 개념을 "부가 가치를 창출하는 생산 사슬에 연계된 독립성이 강한 생산 기업들과 부품 및 원재료 공급 기업들, 최종 소비자, 사용자 기업 등의 네트워크이며, 클러스터란 근접한 지역 안에서 특정 분야의 연관 기업 및 기관 등이 유사성(Commonalities)과 보완성(Complementarities)을 특징으로 연계된 집단"이라고 정의하였다.

　여기에서 관련 기업이라 함은 수평적으로 동일 업종의 경쟁 기업과 수직적으로 전후 생산 공정 상 관련 있는 기업을 포괄하는 것이다. 따라서 클러스터에는 최종 제품을 생산하는 기업 혹은 서비스를 제공하는 기업(특수한 생산 요소, 기계, 그리고 서비스의 공급자들, 그리고 관련 산업에 종사하는 기업들뿐 아니라 하류 부문의(Downstream) 산업에 종사하는 기업, 그리고 전문적 인프라의 제공자들도 포함되어 있다고 볼 수 있다.

　그리고 설성수 외(2002)는 클러스터란 "상품 생산이 지리적으로 집적됨과 동시에 이들이 상호 보완적인 군집인 경우를 말하는 것으로, 혁신 시스템 차원보다는 상품이나 산업 차원, 생산 시스템의 성격을 강조하는 것"으로 보았다. 즉, "클러스터는 많은 소기업들이 상호 보완적으로 결합되어 경쟁력을 갖는 현상을 통해 도출된 개념"이라고 정의했다. 그리고 Schmitz(1999)는 "클러스터는 국지적인 외부 경제와 공동 행위에 기초한 경쟁 우위로서 집합적 효율성을 추구하는 것"이라고 보았다.

　Porter(1998), Roelandt(1999) 등의 클러스터 정의는 유사하게 나타나고 있는데, 이러한 정의는 생산 활동을 영위하는 기업의 관점에서 가치 사슬을 중심으로 클러스터를 설명하고 있는 것이다. 하지만 이러한 Porter 등의 정의는 혁신 클러스터의 관점에서 보았을 때 이공래

(2002) 연구에서 지적하고 있듯이, 클러스터 내부 특히 기업 내적인 관계에 초점을 두고 있으며, 기업 외부에서 끊임없이 지식을 생산하고 인력을 양성하며 기업의 다양한 문제 해결을 지원하는 대학, 공공 연구 기관, 정부, 각종 연계 조직 등 기업 외부의 요소들을 간과하였다는 한계를 가지고 있다. 즉, 최근 지식 정보 사회, 지식 기반 경제로의 전환이 이루어진 환경 변화를 고려할 때 집적지의 기업 간 이루어지는 네트워크에 초점을 두고 설명이 이루어지는 클러스터 개념 정의는 지식의 생산 측면을 간과하고 지식의 활용에만 초점을 맞췄다는 한계를 가진다고 할 수 있다. 기업은 클러스터에서 지식을 창출, 활용, 확산하는 가장 중요한 주체이지만, 기업으로만 클러스터가 구성, 형성된다고 보는 것은 한계가 있다. 이는 클러스터 유용성의 많은 부분을 설명하지 못하는 결과를 초래할 수 있다. 즉, 생산 활동을 영위하는 기업의 관점에서 재무 자원, 인력 자원 및 부품 소재를 투입하고 조립하여 소비자에게 판매하는 과정에서 부가 가치가 창출되며 관련 행위자들이 네트워크를 형성하여 정보를 교환하고, 상호 경쟁력을 강화하게 될 때 클러스터가 형성된다고 본다고 보는 관점은 기업 이외의 조직이 발휘하는 효과, 영향 등에 대해서는 고려하지 못한 측면이 있다.

Oecd 연구 이후 이러한 클러스터의 한계를 보완하는 차원에서 혁신 클러스터에 대한 논의와 개념 정의가 이루어진 것이다. 혁신 클러스터에 대한 학자들의 개념 정의를 보면 Oecd(1999)는 대학, 공공 연구 기관, 지식 기반 서비스 회사, 브로커 등 지식을 취급하는 조직도 클러스터 혁신 주체로 포함하여 혁신 클러스터(Innovation Cluster)로 정의하고, 이 같은 지식 활동 관련 조직들이 기술 지식을 창출하거나 확산하여 네트워크 외부성(Network Externality)을 확대함으로써 클러스터 내 다양한 조직들이 기술 혁신 능력을 강화하고 부가 가치를 더 많이 창출하게 하는 원동력이 된다고 주장하였다.

Oecd(2001)는 혁신 클러스터를 기업들과 지식 생산 기관(대학, 연구 기관, 지식 제공 기업 등) 연계 조직(지식 집약 사업 서비스, 중개 기관, 자문 등) 및 고객의 네트워크로 정의하였다.

Boekholt & Thuriaux(1999)는 혁신 클러스터를 "부가 가치 창출 생산 연계 속에서 상호 연결된 상호 의존적인 기업, 지식 창출 주체(대학, 연구소, 기술기업 등), 중개 기관(브로커, 컨설턴트 등) 및 소비자 간의 생산 네트워크"로 정의하였다. 그리고 Cooke(1996)는 "클러스터는 지리적으로 인접한 기업이 상호 협력과 경쟁의 기반 위에 산업 발전에 대한 비전을 공유하며 기업 지원의 기반이 풍부한 환경 속에서 수직적, 수평적 연계를 형성하고 있는 지역으로, 혁신 클러스터란 일정한 동질성을 갖추고 있는 지역을 대상으로 기술 변화를 촉진시키기 위한 유기적 개방 체제인 동시에 지역의 다양한 주체가 밀접하게 상호 협력하고 공동 학습하는 제도적 장치, 조밀한 네트워크"라고 정의하였다.

인덕순(2002)은 혁신 클러스터란 "혁신을 하는 혁신 주체들이 어떤 특정 지역에 집중적으로 모여 있고, 이들을 중심으로 혁신 활동이 한 지역에서 집중적으로 일어나는 것"이라고 정의하였다. 네덜란드 경제부(NGA, 2002)에서는 혁신 클러스터를 "부품 공급 업체를 포함한 강한 독립성을 갖는 기업들의 생산 네트워크, 대학·연구소 등 지식 생산 주체, 브로커, 컨설턴트 등 경제주체 간 가교 역할을 하는 기관, 고객 등 4부문이 생산 체계에서 부가 가치를 줄 수 있도록 연계된 것"으로 정의하였다.

Martin & Sunlry(2003)는 "혁신 클러스터는 지역적인 상호 협력, 집적으로부터 얻는 경제적 편익을 가져다 줄 수 있는 대학, 연구 기관, 공공 지원 기관 등의 조직과, 관련된 기업들 간에 가치체인(Value Chain) 혹은 지역적인 집적지"라고 정의하고 있다.

[그림 3-13] 클러스터의 개념

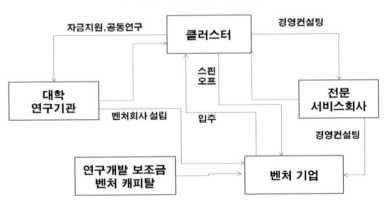

복득규(2003, 2004)는 혁신 클러스터를 "일정 지역에 수평 혹은 수직적으로 관련된 기업들이 대학, 연구소, 지자체 등과 네트워크를 형

21세기 기술 사업화

성하여 새로운 지식과 기술을 창출하거나 혁신과 사업 기회를 확대하는 것"으로 정의하였고, 장재홍(2004)은 "일반적인 경영 활동을 영위하는 주체로서의 기업과, 이들 기업과 상호 연관 관계를 가지고 있는 연구 기관, 대학, 기업 지원 기관, 금융 기관 등 여러 혁신 주체가 일정 지역 또는 공간에 입지하여 상호 협력 관계를 구축한 상태"라고 정의하였다. 강현수 · 정준호(2004)는 "다양한 경제 주체들의 수평적 참여와 조정 그리고 혁신적 노력들이 결합되어 집합적 효율성을 증대시키려는 생산 및 사회 조직의 한 형태"로 보았으며, 남기범(2004)은 "산업을 중심으로 기업, 대학, 연구소, 기업 지원 기관이 공간적으로 집적되고, 기능적으로 연계된 집합체로서 국지적 혁신 거점을 의미한다"고 보았다. 그리고 이종열 외(2005)는 혁신 클러스터의 개념을 "일정 지역에 수평 혹은 수직적으로 관련된 기업들이 대학, 연구소, 지자체 등과 네트워크를 형성하여 암묵적 지식의 교류와 공유를 통해 새로운 지식과 기술 등을 창출하는 혁신환경"으로 정의하였다.

또한, 홍형득(2006)은 혁신 클러스터의 개념을 "기업, 대학, 연구소 등의 특정 지역에 모여 네트워크 구축과 상호 작용을 통해 사업 전개, 기술 개발, 부품 조달, 인력 · 정보 교류 측면에서 시너지 효과를 창출하는 것"으로 정의하고 있다. 이갑두(2006)의 경우 혁신 클러스터를 "특정 산업 분야에 속하여 상호 관련된 기업과 기관으로 구성되며 지리적으로 근접한, 특히 혁신적인 집단으로 공통성이나 보완성에 의해 상호 연결되어 있는 상태"라고 정의하기도 했다. 장지상 외(2007는 "혁신 클러스터란 특정 분야의 수평 혹은 수직적으로 관련된 기업과 기관(대학, 연구소, 지자체)들이 상호 작용을 통해서 새로운 지식과 기술을 창출하는 결집체(Group) 혹은 그러한 활동이 발생하고 있는 지역"이라고 정의하였다. 이러한 개념은 지리적 집중, 다양한 기업과 기관의 존재, 특정 분야에의 특화, 기업과 기관의 연계, 혁신에 대한 강조로 구성된다고 볼 수 있다. 정지선·권양이(2007)는 혁신 클러스터의 개념을 "특정 지역에 위치한 상호 연관된 그리고 유사한 혹은 유기적인 경제 활동에 종사하는 기업, 전문 공급자, 대학, 그리고 해당 지자체 기관 등이 공간적으로 집적된 것으로 혁신 관련 행위 주체들이 일정 지역에 모여 네트워크를 구축하고 상호 관계망을 통해서 기술 개발과 인력 개발 등 각 부문에서 시너지를 내는 시스템"이라고 정의하였다. 또한, 이원영(2008)은 혁신 클러스터를 기존의 산업 클러스터에 기술 혁신과 관련된 산학연의 학습 네트워크를 포함하는 개념으로 보았으며, "특정 지역에 집적된 혁신 주체간의 유기적인 연계 관계로 특정 산업의 가치 사슬을 중심으로 기술 혁신 과정에서 상호 의존하고, 시너지를 내는 형태로 산학연의 학습 네트워크로부터 기술 사업화까지 포함하는 개념"으로 설명했다. 김준현(2010)은 혁신 클러스터란 "일정한 지역에 기업과 대학, 연구소 등이 모여 네트워크를 구축하고 정보를 교류하여 새로운 기술 창출, 사업 활동, 생산 혁신 등의 활동에 있어 시너지 효과를 내고자 구축된 산업 거점"으로 보았다.

2) 혁신 클러스터 특징

Bekar & Lipsey(2002)는 클러스터의 특징으로 대부분의 클러스터는 종종 도시 집적지의 형태로 지역적 요소를 지니고 있으며 종종 국가의 경계를 넘어서기도 한다는 집적의 특성, 둘째, 기업과 대학, 정부 연구 기관, 그리고 기타 기술과 사업 인프라를 지원하는 기관들 간에 공식적 · ()비공식적 연계 관계가 강하게 존재한다는 점, 그리고 클러스터는 클러스터 내부에서 필요한 주요 투입물을 스스로 공급할 수 있는 자체 완결성(Self Sufficiency) 특성을 지닌다고 보았다.

앞에서 살펴본 혁신 클러스터 개념을 바탕으로 볼 때 혁신 클러스터는 집적과 네트워킹, 경쟁과 협력을 통한 가치 창출이라는 2가지 특징으로 나타낼 수 있다. 그러므로 혁신 클러스터는 가치 창출 시스템 개발 및 문제 해결 지향적인 혁신 과정을 나타낸다. 따라서 클러스터에 대한 주요 특징은 크게 지리적 집적 측면과 클러스터 주체들 간의 연계 및 협력 측면으로 볼 수 있다.

지리적 집적 측면을 보면 혁신 클러스터는 상호 연관된 기업 및 기관들의 지리적 집중 혹은 특정 지역 입지를 통해 이득을 얻는 산업들의 지리적 집중이라고 할 수 있다. 경제가 글로벌화되고, 컴퓨터와 통신의 발전으로 물리적인 공간, 입지의 중요성이 약화되는 것처럼 보일 수도 있다. 그러나 지식 정보 경제 아래에서도 여전히 입지가 중요한 이유는 '경쟁'이라는 관점에서 그 원인을 찾을 수 있다. 즉, 경쟁자가 혁신을 자극하고, 가장 자극을 많이 주는 경쟁자는 지리적으로 밀집되어 있는 곳에서 나오기 때문이다. 경쟁에 있어서 클러스터의 영향력은 지속적으로 증가되고, 지식 기반이면서 역동적인 경제 체제에 있어서 더욱 중요해지고 있는 것이다.

그리고 지역적인 상호 협력, 집적으로부터 얻는 경제적 편익을 보면 집적으로 얻는 외향성, 그리고 지역 경제의 집합적 자원에 대한 접근에 있어 관련 기업들의 필요한 자원에의 접근성이 쉽다는 것이다. 이것은 전문화된 노동 시장과 인프라에 대한 접근이 용이하다는 것을 의미하며, 또한 경쟁이나 협력을 복합적으로 자극할 수 있는 환경이나 여건에 쉽게 접근이 가능하다는 것을 의미하기도 한다.

하지만 집적의 개념에 있어 네트워크의 상호 연관성과 지식의 흐름 및 충분한 지원 구조를 고려하지 않고, 기업 간 경쟁적 상호 의존성에 그 초점을 둔 산업화 시대의 집적의 개념과 업종 간 경계를 넘어선 혁신적 상호작용, 생산 네트워크 내에서 다른 업종 및 보완 업종 간 상호 관계와 지식의 흐름을 중요시하는 클러스터에서의 개념 구분이 필요하다.

혁신 클러스터에서 네트워크는 가장 중요한 개념이자 상호 보완적인 성격의 개념으로, 네트워크는 클러스터의 작동 원리 혹은 존립 기반을 결정하는 가장 기본적인 요소 가운데 하나이다. 그러나 네트워크는 네트워크 관계에 편입된 구성원들만의 상호 작용을 전제로 한 폐쇄적이고, 제한적인 멤버십의 형태를 띠는 반면, 혁신 클러스터는 진입과 퇴출이 자유로운 개방적인 멤버십 형태로서 다양한 네트워크 관계들이 중첩되어 나타난다는 점에서 차이가 있다.

또한, 네트워크 관계는 주로 전략적 제휴, 합작 투자, 하청 관계 등 공식적 파트너십을 통한 계약 관계에 기초하는 반면, 클러스터는 신뢰와 호혜성을 바탕으로 한 비공식적 상호 작용을 통한 사회 자본에 기초한 일종의 '산업 지역 커뮤니티'라고 할 수 있다.

혁신 클러스터 주체들 간의 연계 및 협력 측면을 보면, 집적된 기업들과 대학이나 연구 기관 등과의 사회적으로 체화된 수직 및 수평적 네트워크를 바탕으로 한 학습과 지식 창출의 체계적인 동태성을 가지고 있다. 그러므로 혁신 클러스터에는 집합적인 혁신을 가능하게 하는 비물질적이고, 소프트웨어적인 측면뿐만 아니라 인프라 지원과 같은 물질적이고, 하드웨어적인 요소들도 포함한다. 그리고 지리적 근접성과 네트워크를 통한 연계로 혁신 성과 등 가치 창출에 기여하는 것이 바로 암묵지 형성과 학습 메커니즘이다. 암묵적 지식의 유통이라는 측면에서 보면, 제품 생산 업체, 부품 공급 업체, 서비스 제공 업체, 연관 산업, 협회, 연구소 및 대학 등이 서로 지식을 공유 · 교류하면서 더욱 높은 부가 가치를 창출할 수 있는 것이다.

둘째는 모든 산업이 클러스터로서 경쟁을 통한 혁신이 가능하고 지식 기반의 첨단 기술을 창출한다는 점이다. 즉, 클러스터는 혁신의 원천으로 혁신이란 기술 변화의 과정과 관련된 개념으로 Edquist(1997)는 혁신을 "매우 복잡한 속성을 가진 경제적으로 중요성을 지닌 창조물"로 규정하였다. 그는 기술 변화의 과정에는 지식 요소의 출현과 확산뿐만 아니라 이러한 요소가 새로운 상품이나 생산 과정으로의 전환을 포함한다고 하였는데, 이러한 지식 요소의 전환

과정은 단순한 기초 연구로부터 응용 연구로의 선형적 경로가 아니라 과학, 기술, 학습, 생산, 정책, 수요 등을 포함하는 피드백 메커니즘 및 상호 작용 관계라고 보았다. 혁신은 흔히 관계 집단 간, 다양한 주체들 간 암묵적 지식의 교류를 통해 창출되는데 암묵적 지식은 공급자와 고객, 기업간 이동, 공식, 비공식적 모임을 통해서 교류된다고 보았다.

3) 혁신 클러스터의 장점 및 한계

상호 보완 및 경쟁 관계에 있는 혁신 주체의 지리적 집적과 이를 바탕으로 한 네트워크 형성으로 인해 혁신 클러스터는 다양한 장점이 존재한다. 먼저 집적은 특정 산업 내 가치 사슬이나 산업 간 유기적 연관 관계가 형성되지 않은 상태에서 다수의 기업들이 일정 지역에 집적되어 있는 상태로, 이를 통해 기업은 생산 비용 감소, 생산 요소 특화 등의 엄청난 긍정적 외부 효과를 누릴 수 있다.

클러스터 내 혁신 주체 간의 물리적 시간, 거리를 감소시킴으로써 혁신 주체 간의 거래 비용을 감소시켜 주며, 혁신 주체들이 한곳에 집적되어 있음으로써 정보 통신 시설과 교통 시스템, 학교, 대학, 에너지 및 하수도 공급 시스템 등과 같은 기반 시설 공유에 효과적이다. 또한, 대규모 잠재 고객을 보장하고, 대규모 지역 시장을 창출해 줌으로써 클러스터 내 제조업 및 서비스 산업 공급자들에게 규모의 경제 효과를 제공하는 데 유리하며, 또한 인프라의 제공 측면에서도 공동 인프라 활용률의 제고를 통해 규모의 경제 효과를 발생시키기도 한다.

그리고 혁신 클러스터에는 관련 기업뿐만 아니라 대학과 연구소 및 행정 기관 등이 가까운 거리에 있고, 다양한 네트워크가 형성되어 있어 기술 개발에 필요한 정보와 지식을 쉽게 얻을 수 있다. 즉, 혁신 클러스터는 혁신 주체 간 네트워킹을 촉진하고 이는 개별 혁신주체들에게 새로운 네트워킹의 기회를 제공해 준다. 다른 기업과 협력이나 네트워크를 형성하는 경우 학습이나 전문성 창출을 위한 지식 획득의 채널을 다양하게 해 주고, 또한 혁신 클러스터 형성에 의한 여러 형태의 네트워크 구축은 구매, 유통, 지식 관련 시설의 공유 등에 의한 규모의 경제를 달성할 수 있게 함으로써 기업의 비용 절감에 기여한다.

이 외에도 혁신 클러스터는 상호 관련성이 있는 혁신 주체들 간의 지리적 근접성을 높여 줌으로써 공식적 · 비공식적 의사소통의 가능성을 높여 주고, 네트워크 형성을 촉진해 지식 교환이 이루어지는데 특히 암묵적 지식 교환에 효과적이라는 장점이 있다. 암묵적 지식의 교환은 혁신 주체 간의 신뢰를 바탕으로 이루어지기 때문에 물리적인 대면이 중요해 지리적 근접성을 바탕으로 한 네트워크 형성은 신뢰 구축 및 암묵지 교환에 매우 중요한 역할을 수행한다. 그리고 혁신 주체 간 경쟁 및 상호 협력을 촉진하는 장점이 있다. 즉, 혁신 클러스터는 상호 보완 관계 및 경쟁 기업들을 통합하고 있어 경쟁과 협력 메커니즘은 클러스터의 역동성을 제고하는 중요한 요소로 작용한다.

반면, 집적과 혁신 클러스터 혁신 주체들 간의 밀접한 상호 작용 및 이상과 현실과의 괴리 차원에서의 한계도 존재한다. 먼저 이상과 현실과의 괴리 측면으로 혁신 클러스터는 기본적으로 가치 사슬상의 다양한 기능이 한곳에 집적되어 있는 자체 완결형(Self Sufficient) 클러스터를 추구하지만 현실적으로는 가치 사슬상의 다양한 기능을 한곳으로 집적하는 데에 어쩔 수 없는 한계가 존재한다.

그리고 지역적 특화가 과도하게 진행되고, 지역 산업의 획일화가 이루어진 경우에 환경 변화 및 관련 클러스터 정책이 실패할 경우 지역 경제가 심각한 영향을 받을 수도 있다. 또한, 혁신 클러스터 내의 대면 접촉 암묵지 교류에 몰두하다 보면 외부의 신기술에 대한 접촉이 감소하게 되어 기술적 획일성과 고착화가 촉진될 가능성이 높아지고, 외부 환경 변화에 대한 둔감 및 한정된 지역으로의 산업 집적은 지역 인플레와 과열 현상 등과 같은 문제를 야기할 수도 있다.

4) 혁신 클러스터의 구성 요소

혁신 클러스터는 기존의 산업 클러스터의 개념을 포함하고, 지식의 생산, 유통 및 활용을 중심으로 하는 포괄적인 의미를 나타내고 있다. 정부를 포함한 기술 혁신의 주체인 기업, 대학, 공공 연구 기관 등 다양한 참여 주체들을 포괄하는 종합적이며, 집합적인 개념이라고 할 수 있다. 따라서 혁신 클러스터의 구성 주체는 중앙 정부와 지방 정부, 대학 및 공공 연구 기관, 그리고 기업의 분업과 협력 네트워크로 구성된다고 할 수 있다.

　　　　　　　　　　　21세기 기술 사업화

혁신 클러스터 구성 요소에 대한 선행 연구를 보면 구성 주체의 구성과 역할 및 기능 측면 그리고 환경 및 주체와 연계 측면을 아우르는 차원에서 다루고 있다. 먼저 혁신 클러스터의 구성 주체 차원에서 보면 조영석(2005)은 혁신 클러스터의 구성 요소를 기업, 대학, 연구 기관, 정부, 기타 지원 기관 등으로 보았으며, 홍형득(2006)은 중앙 정부와 지방 정부, 대학 및 공공 연구 기관, 그리고 기업의 분업과 협력 네트워크 관계로 보았다.

[그림 3-14] 혁신 클러스터 구성 주체

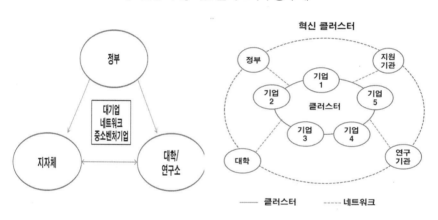

이러한 독립적인 구성 체계들이 상호 보완적으로 기능하기 위해서 산업 생산 체계와 과학 기술 체계를 매개하는 기술 지원 기관(TP, 기술 지원 센터, 기술 이전 기관 등), 산업 생산 체계와 기업 지원 체계를 매개하는 사업 서비스 기관(공공 및 비영리 지원 기관 등) 클러스터 구성 주체들의 효과적인 네트워킹을 매개하는 구성 요소로 기능한다는 것이다.

이와 함께 금융 체계, 교육·훈련 체계, 정보 통신 시스템, 물류·유통 체계, 지역 문화 등은 혁신 클러스터의 형성 및 발전을 뒷받침하는 제도적 혁신 인프라로 보았다. 혁신 클러스터의 구성 주체와 네트워크 구조 등을 도식화하면 [그림 3-15]와 같이 혁신 클러스터 내 기업 간 연계와 대학, 연구소, 지자체, 지원 기관과 혁신 인프라와의 연계가 이루어질 뿐만 아니라 외부 기관과 클러스터, 고객과의 다양한 연계가 이루어지는 구조로 구성된다.

[그림 3-15] 혁신 클러스터 네트워크의 구조와 요소

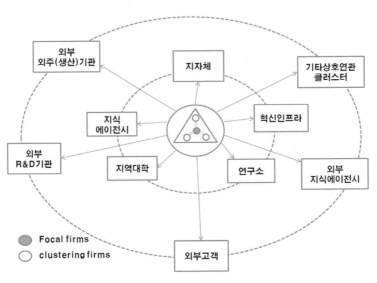

그리고 구성 주체의 역할 및 기능에 따라 비전 제시자(Vp : Vision Provider), 시스템 통합자(So : System Organizer), 전문 요소 공급자(Ss : Specialized Supplier)로 구분하기도 한다.

비전 제시자(Vp)는 기초 기술과 원천 기술을 개발하고 산업의 발전 방향이나 지역의 발전 비전을 제시하며, 인재 공급과 벤처 창업의 토대로서 역할을 한다. 시스템 통합자(So)는 비전 제시자의 비전과 신기술을 실제 제품과 서비스로 구체화하는 역할을 담당하며, 비전 제시자에게 정보와 자금을 제공하고 전문 공급자의 부품과 기술을 수요하는 역할도 담당한다. 다음으로 전문 요소 공급자(Ss)는 제품과 서비스의 완성에 필요한 요소 기술이나 부품을 개발하고 지원서비스를 제공하는 구성 주체로, 부품, 소재, 요소 기술을 제공하는 중소기업, 벤처, 금융, 마케팅, 법률 서비스 등을 제공하는 지원 서비스 업체 등이다.

[그림 3-16] 클러스터 구성 주체 간 역할 구분

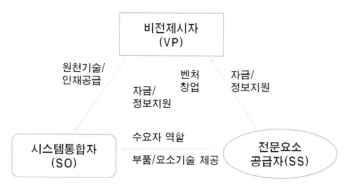

혁신 클러스터의 구성 요소와 네트워크에 대한 논의를 종합해 도식화해 보면 [그림 3-17]과 같다. 즉, 혁신 클러스터는 기업, 연구소, 대학, 기업 지원 기관 등 혁신 주체의 집적과 혁신 주체 간 네트워크

구축, 공동 학습 등 상호 작용과 정부의 제도 및 지원 정책을 통해 연구 등 과학 기술 혁신 활동과 생산 활동 등의 연계를 통해 시너지 효과를 발생하는 구조를 의미한다.

혁신 클러스터란 시장적 관계뿐만 비시장적 관계가 일정한 지리적 공간 내에서 상승 작용을 일으키는 사회 · 경제 · 지리적인 현상으로, 순수한 시장 경제적 요소로만 구성되는 것도, 공공 계획적 요소로만 성공할 수 있는 것도 아니라는 사실에 대한 이해가 필요하다.

[그림 3-17] 혁신 클러스터 개념 및 네트워킹 모형도

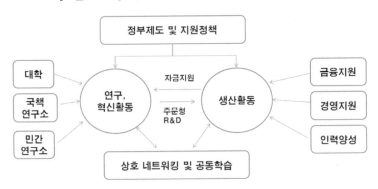

아래 표는 연구의 중점 지역인 대덕 연구개발 특구의 구성 현황이다. 대덕 특구는 2012년 기준 정부 출연 연구 기관 30개, 정부 및 국공립 기관 14개, 교육 기관 5개, 공공 기관 11개, 기업체 1,312개, 기타 비영리 법인 29개 등 총 1,400여 개 기관이 입주해 있다.

21세기 기술 사업화

<표 3-33> 대덕 연구 개발 특구 연도별 입주 기관 현황

구분	출연 기관	공공기관 (투자기관)	국공립 기관	기타 비영리	교육 기관	기업	합계
2005	21	10	12	6	6	687	742
2006	21	9	13	8	6	786	843
2007	28	7	15	23	6	898	977
2008	28	7	14	24	6	980	1,059
2009	29	8	14	27	5	1,006	1,089
2010	30	8	14	30	5	1,179	1,266
2011	30	11	14	33	5	1,306	1,399
2012	30	11	14	29	5	1,312	1,401

바) 오픈 이노베이션

전 세계적으로 기술 개발 비용의 증가와 제품 수명의 단축으로 인하여 R&D 투자 대비 성과가 감소하고 있다. 인텔은 20년 전 약 3천만 달러면 가능했던 반도체 생산 라인 구축을 위해 2006년 약 30억 달러를 지출하였다. 신약 개발 비용 또한 10년 전과 비교할 때 10배 이상 상승하여 약 8억 달러에 이르고 있다. 심지어 소비재의 개발 비용도 증가하여 P&G는 10년 전 약 1천만 달러면 가능했던 생리대 개발을 위해 현재 2천만 달러에서 5천만 달러를 쏟아 붓고 있다고 한다. 이처럼 R&D 비용은 크게 상승하는 데 비해 제품 수명은 급속도로 단축되고 있다. 제품 개발에 따른 기대 매출이 과거에 비해 현저히 감소하고 있는 것이다. 80년대 약 4년에서 6년 걸렸던 하드 디스크 드라이버 신제품 출시가 90년대에는 6개월에서 9개월로 단축되었다. 제약 업계에서도 길어지는 승인 기간과 모방 약품의 빠른 진입으로 신약이 수익을 유지할 수 있는 기간은 점점 짧아지고 있다.[36]

전 세계가 이러한 변화의 움직임을 보임에 따라 이러한 요인으 R&D 방법론에도 많은 영향을 미치고 있다.[37]

[그림 3-18] 개방형 혁신의 도입 배경

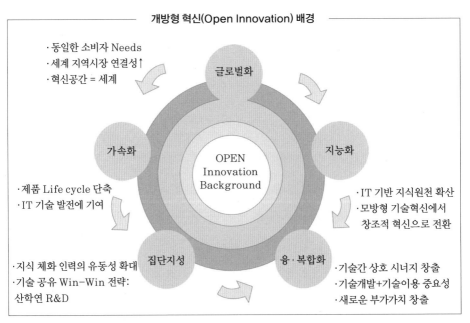

이러한 R&D 효과 감소에 대응해 많은 기업들과 연구자들이 다양한 노력을 하고 있다. 그 중 가장 유력한 방안으로 떠오르고 있는 것이 오픈 이노베이션(Open Innovation)이다. 오픈 이노베이션은 기업 내

부에 국한되어 있던 연구 개발 활동을 기업 외부까지 확장하여 외부 아이디어와 R&D 자원을 활용함으로써 투입 자원과 시간을 절약하고, 내부 기술을 타 기업에 이전(License-Out)해 추가적인 수익을 창출하는 것이다. 널리 알려진 P&G의 'Connect & Develop'를 비롯하여, Cisco, Nokia, Ibm 등 다수의 선진 기업들이 오픈 이노베이션을 도입하면서 성과를 창출하고 있다.

미국 버클리 대학의 오픈 이노베이션 센터 책임자인 체스브루 (Chesbrough) 교수는 오픈 이노베이션을 "내부 혁신(Innovation)을 가속하고, 기술을 발전시키기 위하여 내·외부 아이디어를 모두 활용하고, 가치를 창출하기 위해 내·외부의 시장 경로를 모두 활용하는 것"이라고 정의하였다.

오픈 이노베이션은 내부의 혁신을 촉진하며 내부의 혁신을 외부와 연계시키고, 시장을 확산하기 위해 목적성을 가지고 지식의 내부 및 외부적으로 활용하는 것이다. 이 과정에서 가치 창출과 가치 획득의 단계가 부가되어야 하며, 이를 위해 기업이 보유하거나 지향하고 있는 사업 모델과 연계되어야 한다.[38]

---

36) 오상준, "오픈 이노베이션 성공의 조건", LG주간경제, 2007. 8. 15. (6~20page)
37) 전효리, 정성영, "융합 기술 R&D를 위한 개방형 혁신 시스템 도입 방향", 전자통신동향분석 제25 권 제1 호, 전자통신연구원, 2010. 2. (23~31page)
38) 윤병운, "중소기업의 오픈 이노베이션 : 모델, 방법론, 정책을 중심으로", 과학기술정책연구원, 2008. 10. (15~17page)

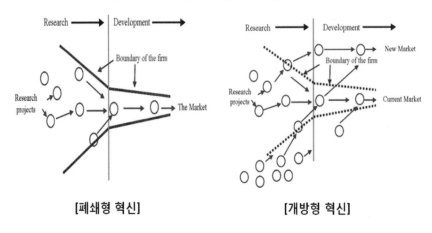

[그림 3-19] 폐쇄형 혁신과 개방형 혁신[39]

[폐쇄형 혁신]   [개방형 혁신]

오픈 이노베이션을 실행하는 기업은 연구, 개발, 사업화의 일련의
과정에서 자사의 필요 역량을 획득하기 위해 다른 기업들과 협력한
다. 이 과정에서 외부의 연구 프로젝트, 벤처 투자, 라이센싱, 아웃소
싱 등의 전략을 활용하여 협력을 수행하게 된다. 궁극적으로 이러한
네트워킹을 통해서 파트너십을 형성하고 비즈니스 모델을 개발하여
혁신을 이룩하게 되는 것이다. 즉, 외부의 기술과 자원을 내부화하는
Inbound 혁신, 내부의 기술과 자원을 외부로 보내는 Outbound 혁신으
로 구분할 수가 있다. Inbound 혁신은 아이디어 확보, 공동 연구, 벤
처 투자 등으로 실현할 수 있고, Outbound 혁신은 기술 자산 판매, 분
사 등의 방법이 알려져 있다. 그러나 현재까지 기업들은 여건상, 대부

---

39) 김윤, "국내 Information Communication Technology 기업에서의 오픈 이노
베이션을 통한 신사업 발굴 및 영향 연구", 고려대학교 기술경영전문대학원 기술경영
학과 석사학위논문, 2014. 1. (5page)

분 Inbound 혁신에 중심을 두고 개방형 혁신을 추진하고 있다.

오픈 이노베이션은 기업 내·외부의 지식과 시장 경로를 활용하는 다양한 행위들, 즉 기업 간 공동 개발, 제휴, 조인트 벤처(Joint Venture), 리눅스와 같은 오픈 소스 모델(Open-Source Model) 등 모두가 해당된다. 이러한 오픈 이노베이션은 과거에도 광범위하게 실행되어 왔으나, 대부분의 경우 외부 지식의 활용이 일회성에 그치거나 내부 지식을 보완하는 제한적인 수준이었다.

이와 달리 현재의 오픈 이노베이션은 외부 지식을 내부 지식과 동일한 중요도로 취급하고, 외부 지식과 기술의 도입, 내부 지식과 기술의 시장 진입을 위해 지속적으로 노력한다는 점에서 과거와는 차이가 있다. 체스브루 교수는 과거의 이노베이션과 오픈 이노베이션의 차이를 아래와 같이 8가지로 정리했다.

[그림 3-20] 과거 이노베이션 모델과 오픈 이노베이션의 차이점

과거 이노베이션

1. 외부 지식은 보완적 역할
2. 연구 인력 개인의 천재성이 중심
3. Type I*에러만 고려
4. 지식/기술의 외부 유출을 엄격히 통제
5. 가치 있는 기술은 외부에서 구할 수 없고, 구할 수 있는 지식은 가치가 없다고 가정
6. 지적재산권은 방어적인 역할, 지식 유통의 수단
7. 지식 교란은 당사자간 직접적인 형태
8. R&D 비용 대비 매출, 신제품 수, 신제품 판매 비중, R&D 비용 당 특허수 등 전통적 지표

오픈 이노베이션

1. 내부 지식과 외부 지식을 동일한 중요도로 취급
2. R&D 결과를 상업화 하기 위한 사업 모델이 중심적 역할
3. R&D 과제 평가 시 Type I* (False Positive)과 Type II** (False Negative) 에러를 모두 고려
4. 내부 지식 및 기술의 외부 유통을 장려
5. 가치 있는 지식이 외부에 풍부히 존재하는 것을 가정
6. 적극적인 지적 재산권의 활용
7. 지식 중계상의 등장 (Innocentive, Yet2, NineSigma, YourEncore 등)
8. 새로운 R&D 역량 및 성과 평가 지표(기업 가치 사슬 내에서 수행된 R&D 비중, 외부 지식을 활용한 R&D 비중, 연구에서 출시까지 소요 시간, 기업 소유 특허의 활용 비중 등)

앞서 언급한 것처럼 오픈 이노베이션은 기업들에게 R&D 투입 자원의 절감 및 추가적인 매출 기회를 제공함으로써 연구 개발의 효율화를 추구할 수 있다. 이러한 오픈 이노베이션의 효과를 정리해 보면 크게 4가지로 요약할 수 있다.

첫째, 외부의 새로운 아이디어 도입을 통해 투입 자원 및 시간을 절감할 수 있을 뿐 아니라, 연구 개발의 효과를 증대시킬 수 있다. 세계적인 식음료 포장 업체인 Tetra Pak은 획기적인 살균 포장재의 개발을 시도하였으나, 기업 내부 역량만으로는 불가능하였다. 이에 병원 기기 소독 회사와 협력하여 원하는 제품을 개발하였다. 이를 통해 제품 개발 기간을 2~3년 단축하였고, 시장 점유율도 50% 향상시켰다.

둘째, 내부 지식의 라이센스 아웃(License-Out)은 추가적인 매출을 창출해 주고, 내부 인재에게 동기를 부여함으로써 인재 유지에도 도움을 준다. 기업에서 연구 개발한다고 기술을 모두 사업화하는 것은 아니다. 1980년 약 30억 달러였던 특허 라이센싱 시장 규모는 최근 약 1,100억 달러로 성장하였다. Ibm 한 회사가 연간 특허 로열티로 20억 달러의 수입을 올리고 있다. 이러한 기술 라이센싱은 또한 연구 개발 인력들에게 자신들이 개발한 기술이 시장에 제품으로 출시되지 못한다고 사장되지 않고 다른 기업, 다른 업종에서 매출을 창출한다는 자부심을 줌으로써 동기를 부여하고, 사기를 진작시키는 역할을 하게 된다.

　　　　　　　　　　　21세기 기술 사업화

셋째, 내부 아이디어를 외부의 시각으로 평가함으로써 현재 추진 중인 연구 개발 프로젝트의 가치를 측정하고 향후 방향을 정하는 데 기여할 수 있다. 제약 회사인 Eli Lilly는 개발 중인 신약에 대해 과감히 라이센스 아웃을 실행함으로써 제품의 가치를 측정하고, 이를 개발 전략에 반영하고 있다고 한다.

마지막으로 내·외부 간 아이디어 교환을 통하여 기업은 자사가 가장 잘할 수 있는 핵심 역량을 확인할 수 있다. 아무래도 기업들은 자사의 핵심 역량에 대해 과신하기 쉽고, 이로 인해 모든 것을 내부에서 개발하려고 시도하는 경향이 있다. 항공기 제조 기업인 보잉 (Boeing)은 외부와의 다양한 시험을 통하여 자사의 핵심 역량은 생산이 아니라 시스템 통합과 디자인이라는 사실을 깨달았다고 한다. 이에 연구 개발 자원을 시스템 통합 기술과 디자인에 집중하고, 대부분의 부품을 아웃소싱함으로써 수익성을 높일 수 있었다고 한다.

오픈 이노베이션은 과연 모두에게 적용이 가능할까? 기술 집약적인 산업들, 즉 신약 사업이나 It 산업들에만 적용되는 것은 아닌가? 컨설팅 회사인 베인(Bain)은 산업 특성에 따른 오픈 이노베이션의 효과를 5가지 기준으로 정리하였다. 즉, R&D 집중도가 높을수록, R&D에 있어 규모의 경제 효과가 적을수록, 외부와의 협력 개발의 필요성이 높을수록, 기업 간 또는 산업 간 적용성이 높을수록, 그리고 시장의 변동성이 클수록 오픈 이노베이션의 효과가 크다는 것이다.

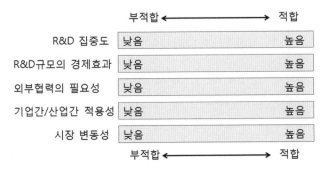

[그림 3-21] 산업 특성에 따른 오픈 이노베이션의 적합성

베인(Bain)의 주장처럼 산업 특성에 따라 오픈 이노베이션의 효과나 적합성이 차이가 나는 것은 사실이다. 그러나 지식 노동자의 수가 늘어나고, 인력 이동이 빠르게 증가하면서 기업이 점점 그들의 아이디어와 전문성을 통제하기 어려워지고, 벤처 캐피탈의 증가로 지식 노동자들의 창업도 증가하고 있다. 활용할 수 있는 외부의 가용 지식과 기술이 증가하고 있으며, 그 질 또한 향상되고 있다고 볼 때, 산업 간 차이는 있을지라도 전 산업에 걸쳐 오픈 이노베이션의 중요성과 활용도는 증가하고 있다고 하겠다. 따라서 오픈 이노베이션의 적합성이 낮은 기업일지라도 관심을 가지고 주목할 필요가 있다.

많은 기업들이 성공적으로 오픈 이노베이션 시스템을 구축함으로써 성과를 내고 있지만, 대부분의 기업들은 아직 도입을 주저하거나, 시도했지만 그 성과가 미진한 상태이다. 왜 이들은 오픈 이노베이션 시스템을 도입, 활용하는 데 어려움을 겪고 있을까? 오픈 이노베이션을 어렵게 하는 가장 큰 장애 요인은 외부 기술에 대한 불신이

21세기 기술 사업화

다. 기업 내부에서 개발되지 않은 기술에 대해 불신하는 소위 'Nih(Not Invented Here) 신드롬'은 외부 지식/기술의 도입 및 활용을 결정적으로 방해한다. 특히 R&D 과제 수행 시, 외부 기술이나 아이디어의 활용은 외부 기술을 확보하고 이해하는 데 상당한 시간을 소비해야 하는 데다 기술에 대한 통제력에 한계가 있기 때문에 과제의 불확실성을 높인다고 생각하기 쉽다. 연구 개발자들은 이러한 이유로 외부 기술이나 아이디어 활용이 성공 가능성을 높여 준다 할지라도 내부적 개발 방식을 선택하기 쉽다.

이와 더불어 연구 개발자들은 외부 기술이 성공적으로 활용될 경우, 내부 R&D에 대한 필요성이 감소하고, 이에 따라 인력 감축과 예산 축소의 조치가 이어질 수 있다고 생각할 수 있다. 이러한 불안 심리는 연구 개발자들로 하여금 오픈 이노베이션의 도입을 회피하도록 하는 것은 물론이고, 오픈 이노베이션의 성과까지 축소·왜곡되게 만들 수 있는 것이다.

1) 오픈 이노베이션의 성공 방안

오픈 이노베이션이 성공하려면 먼저 소규모 실험을 통해 필요 역량과 성공 체험을 축적하고 이를 조직 내에 전파하는 것이 필요하다. P&G의 'Connect & Develop'를 주도했던 Sakkab와 Huston은 최근 「Research Technology Management」지(誌)와의 인터뷰에서 오픈 이노베이션 초기에는 소규모로 한 가지 아이디어에서 출발하고, 충분한 시간을 가지고 성공적인 모델을 구축하라고 조언하고 있다. Air

Products And Chemicals사의 오픈 이노베이션 시스템 구축을 이끌었던 Tao 또한 초기에 의도적으로 보수적인 투자를 통해 시스템을 구축하고, 가능한 빠른 시간 내에 성공 체험을 쌓는 데 집중하라고 조언한다. 이처럼 초기에는 부담이 없는 적은 투자를 통해 역량과 성공 체험을 확보하고, 이를 조직에 전파함으로써 오픈 이노베이션의 효과에 대한 믿음이 조직에 뿌리내리도록 유도하는 것이 가장 중요하다고 할 수 있다.[40]

또한, 관련 조직 구성원들과의 적극적인 커뮤니케이션을 통해 오픈 이노베이션의 효과를 설명하고, 선진 기업들의 성공 사례를 공유하는 동시에 동기 부여를 통해 불안을 해소하는 것 또한 매우 필요하다. Ibm의 경우, 오픈 이노베이션 도입 이전 실적 부진으로 최대 규모의 감원을 단행하였다. 여기에는 다수의 R&D 인력이 포함되었다. 그러나 오픈 이노베이션 도입 이후에는 추가적인 감원이 없었다. 또 P&G의 경우, 'Connect & Develop' 도입 직후 대규모 감원이 있었으나. 이는 기업의 성과 하락이 주된 원인이었다. 이처럼 구성원들과의 적극적인 커뮤니케이션과 함께 제도적 장치를 마련하는 것이 필수적이다. Ibm과 Ge는 라이센싱으로 인한 성과를 관련 사업 부서의 성과에 반영함으로써 Nsh 신드롬을 제거하고, 내부 기술의 라이센싱에 대한 사업 부서의 적극적인 참여와 협력을 이끌어 낼 수 있었던 것이다.

---

40) 오상준, "오픈 이노베이션 성공의 조건", LG주간경제, 2007. 8. 15.

21세기 기술 사업화

마지막으로 오픈 이노베이션의 성공적인 도입과 실행을 위해서는 오픈 네트워크의 적극적인 활용과 오픈 이노베이션과 관련된 모든 프로세스를 지원하는 전문 조직의 구성이 필요하다. P&G 또한 초기에는 Ninesigma, Yourencore, Innocentive 등의 외부 네트워크를 적극적으로 활용했다고 한다. 이러한 외부 네트워크의 활용은 도입 초기 적은 비용으로 필요 네트워크를 구축할 수 있는 유용한 방법이다. 오픈 이노베이션의 실행을 위해서는 지적 재산권 등 관련 법규와 기업간 계약에 대한 지식, 그리고 실행 프로세스에 대한 충분한 이해와 경험이 필수적이다.

2) 오픈 이노베이션 사례

선진 해외 기업의 개방형 기술 혁신 사례와 성과는 P&G, Dupont, Intel 등에서 쉽게 찾아볼 수 있다. 이러한 기업들은 개방형 기술 혁신을 산업 특성과 협력 형태 등을 파악하여 알맞게 적용하였으며, 기업 내에서 추구하는 가치를 창출할 수 있었다. 국내 기업의 개방형 기술 혁신 사례를 일정한 분석적 틀을 가지고 분석한 사례도 있다. 그러나 해외/국내 기업의 사례를 놓고 모든 기업에 적용되는 현상이라고 일반화시킬 수는 없으며, 정량적으로 지표화하기 어려운 정성적 판단들은 엄밀하게 보면 사실 많은 한계가 있다.[41]

때문에 그러한 한계점을 인식하고 내용을 살펴보기 바란다.

---

41) 이승준, "방산 기업의 개방형 기술 혁신 적용 방안과 혁신성과 사례 연구", 고려대학교 대학원 기술경영학과 석사학위논문, 2013. 1.(16~22page)

㉮ P&G

P&G는 2000년 당시 지속 가능한 성장이 불투명하다는 위기를 인식하고 이를 돌파하기 위한 방안 중의 하나로 고유의 개방형 혁신 모델인 C&D(Connect And Development)를 창안하여 적용한 대표적인 개방형 혁신 기업이다. C&D 도입 결과, P&G는 매출이 급신장하고 주가를 회복하는 등 많은 성과를 얻을 수 있었다. P&G가 C&D라는 개방형 혁신 모델을 성공적으로 도입하는 데 있어서 시사점은 첫째, C&D의 출발점은 P&G가 어떠한 영역에 집중해야 하는가를 명확히 규정하는 것이었다. 둘째, P&G는 C&D를 최고 경영자의 지시와 관심 아래 진행하였고 이와 함께 기업의 문화를 변화시키려는 노력을 했다는 것이다. 셋째, P&G는 중점 영역에 있어 고객의 니즈를 파악하고 글로벌 현장에서 제품 및 기술 동향을 파악함으로써 해결해야 할 문제를 정확히 파악하는 것과 함께, 이러한 과정을 통해 확인된 문제들의 해결을 위해 요구되는 기술 등에 대한 개요를 내부 또는 외부의 자원을 활용하여 가능한 한 '기술브리프'라는 양식을 통해 명확히 기술하여 제시하였다. 넷째, P&G가 C&D라는 혁신적 모델을 도입하여 성공할 수 있었던 것은 개방형 혁신 과정에서 발생하는 많은 정보들을 효율적으로 교환할 수 있는 새로운 정보 통신 기기들의 발전이 있었기 때문이다.

㉯ Dupont

듀폰은 개방형 혁신 모델을 채택함으로써 신재료 연구 개발, 새로운 파트너 확보와 라이센싱을 통한 지식 자산으로부터의 가치를 창조했다. 이 모델의 핵심은 대학, 창업 기업, 공동 연구 기관 등의 기술 공급자와 투자자, 경쟁 기업들과의 협력이라고 할 수 있다. 파트너와의 협력에 기반을 둔 듀폰의 개방형 핵심 전략은 크게 라이센싱, 인수 합병, 기술 제휴, 벤처 투자로 구분할 수 있지만, 대표적인 개방형 혁신 전략은 바로 라이센싱 전략이라 할 수 있다. 이는 화학 산업의 특성상 연구 개발의 성과물인 물질 특허는 특허권으로 보호받고, 제품을 생산하는 공정 기술 또한 막대한 시설 비용으로 인하여 쉽게 모방할 수가 없기 때문이다. 다시 말하면 기술의 전유성이 다른 어떤 산업보다 강하다고 할 수 있다. 또한, 1,900개가 넘는 특허를 보유하고 200년 넘게 화학 분야의 선두주자를 지켜 온 듀폰으로서는 자신의 기술적 독점력을 최대한 활용할 수 있는 라이센싱 전략이 유효하다고 하겠다. 이렇듯 듀폰은 개방형 혁신에 기반을 둔 새로운 사업 모델을 통하여 미래 성장 사업으로 선정한 디스플레이 및 전자 재료, 농화학·바이오, 나노 사업에 역량을 집중함으로써 10%의 연평균 성장률을 유지하고 있다. 듀폰은 3가지 성장 전략, 즉 연구 개발을 통한 사업화 가속, M&A를 통한 성장 기회 포착, 협력을 통한 역량 극대화를 기반으로 끊임없이 성장을 추구하고 있다. 그 결과 매출액이나 영업 이익률 면에서 꾸준한 성장을 보이고 있으며 Bt, Nt 등 신사업 부문의 비중이 높아지고, 개방형 기술 혁신을 포함한 기술 혁신에 의한 신제품의 매출액기여도가 30%를 넘어서고 있다.

㉹ Intel

인텔(Intel)의 개방형 혁신이 성공적이었던 이유는 인텔(Intel) 스스로

가 내부 혁신 역량을 높여 외부 지식을 활용할 수 있었기 때문이다. 즉, 많은 경제학자들이 지적했듯이 외부 혁신 주체와의 협력에 있어서 주된 협력 동기는 협력에 의해 비용을 절감할 수 있기 때문이며, 이 때 중요한 것은 획득된 외부 지식을 얼마나 내부 지식화할 수 있느냐이다. 그러기 위해서는 내부 혁신 역량이 일정 수준 이상으로 제고되어야 하는데, 인텔(Intel)은 바로 그런 점에서 다른 기업과는 다른 내부 혁신 역량 제고 기법을 가지고 있었다. 인텔(Intel)은 빠른 추격자 전략을 사용함으로써 선발 주자가 겪는 시행착오를 최소화할 수 있었으며, 검증된 공정을 효율적으로 사용할 수 있었다. 이 전략의 유일한 단점은 너무 효과적이어서 오래 지속할 수 없다는 점이다. 인텔(Intel)은 3개의 독립된 연구소를 각기 다른 목적, 가치 사슬에서의 위치, 장소를 가지게 함으로써 새로운 연구소 운영 모델을 찾고자 하였다. 또한, 인텔(Intel) 컨퍼런스를 열어 내부 연구 조직을 외부 연구 조직과 연계시켰으며, 인력 확보에서 멘토 제도를 도입하여 학생들이 인텔(Intel)의 관리자급과 접촉할 수 있는 기회를 마련했다. 인텔(Intel)은 내부 연구실의 연구 결과와 외부 연구 결과를 효율적으로 조합하는 데 혁신의 초점을 맞추어 왔다. 즉, 상황에 맞는 적절한 전략 선택과 현장 위주의 경영이 인텔(Intel)의 성장에 결정적 요인으로 작용하였다. 인텔(Intel)은 개방형 혁신을 경쟁 기업보다 먼저 도입하여 경영 전략에 효율적으로 반영시켰으며, 단기간의 성과 창출보다는 긴 안목에서 수직·수평적 네트워크를 강화시킴으로써 자사가 속해 있는 생태계 전반을 강건하게 만들었다.

㉑ Google

구글이 앞으로 미래 전략으로 채택하고 있는 핵심 전략은 개방형 혁신 전략이다. 인터넷 서비스 산업의 특징상 그 변화의 속도와 폭이 크고, 개발 기업이 완벽한 서비스를 한 번에 만들 수가 없으므로 베타 버전 형식의 제품에서 사용자의 피드백으로 인한 계속된 개선을 통해 서비스를 보완·발전해 나가게 된다. 구글은 통신사, 휴대폰 제조업체, 콘텐츠 제공 업체 등을 개방된 모바일 상에서 협업을 추가하는 오픈 비즈니스 모델을 미래 전략으로 채택하고 있다. 구글은 클라우드 소싱 전략을 활용하고 있다. 한 가지 문제를 해결하기 위해 전문가부터 아마추어, 프리랜서, 자원봉사자에 이르기까지 그들의 아이디어와 기술, 제안을 모두 활용하는 것이다. 구글의 지도 서비스는 개인뿐 아니라 다른 기업에게 구글 지도 서비스를 활용할 수 있도록 인터페이스를 공개하고 있다. 그리고 구글 기어스는 구글의 개방형 소스 코드 기술이다. 이 기술은 인터넷이 연결되어 있지 않거나, 연결 속도가 느리거나 불안한 경우에도, 사용자가 웹 응용 프로그램과 데이터를 사용할 수 있도록 지원한다. 구글은 미국 검색 엔진 1위를 유지하면서도 동시다발적인 서비스 개발과 실패를 경험하고 있다. 이러한 지속적인 개방형 혁신 전략을 통해 새로운 사업 모델이나 아이디어를 창출하고 있는 것이다.

8. 소결론

기술 사업화란 보유한 기술의 잠재적 가치 실현을 위해 기술을 이전하거나 생산 과정에 적용함으로서 제품 및 서비스를 생산·판매하는 것이다.

기술 사업화의 대가인 Jolly 교수는 착상, 보육, 시연, 촉진, 지속의 5단계와 그간의 4개의 전이 과정을 통해 기술 사업화가 이루어진다고 보았다.

기술 사업화 관련 법률로는 「기술의 이전 및 사업화 촉진에 관한 법률」이 있으며, 관련 법률로 「산업 기술 혁신 촉진법」, 「대덕 연구 개발 특구 등의 육성에 관한 특별법」, 「벤처 기업 육성에 관한 특별 조치법」, 「중소기업창업 지원법」, 「발명 진흥법」, 「산업 발전법」 등이 있다.

국가 연구 개발 사업 기술 사업화 현황을 보면, 2012년 공공 연구 기관의 신규 기술은 8,262건이며, 대학의 신규 기술은 19,995건이다.

정부의 기술 사업화 예산 자료는 '07, '08년뿐이 없어 최근의 자료가 부족하여 안타까웠으나, '07, '08년 부처 예산의 1.2%, 1.1%뿐이라는 것은 더욱 안타까운 일이다.

참고 문헌

1. 김윤, "국내 Information Communication Technology 기업에서의 오픈 이노베이션을 통한 신사업 발굴 및 영향 연구", 고려대학교 기술경영전문대학원 기술경영학과 석사학위논문, 2004. 1.

2. 김찬호, "기술 사업화 성공과 실패 사례 연구", 한남대학교 대학원 경제학과 박사학위논문, 2012. 8.

3. 김한경, "절충 교역을 통한 국방 기술 이전 과정의 리스크 요인 분석", 광운대학교 대학원 방위사업학과, 박사학위논문, 2012. 12.

4. 민광동, "BMO 모형을 이용한 기술 창업 기업의 기술 사업화 성공 방안", 한밭대학교 경영대학원 창업학과 석사학위논문, 2013. 11.

5. 박종복, "기술 사업화 이론과 기술 경영 적용 방안", 산업 경제 분석, KIET, 산업경제, 2008. 2.

6. 박종복, 조윤애, 이상규, 권영관, "민간 부문의 기술 사업화 활성화 방안", 산업연구원, 2011. 12.

7. 백인화, "국방 기술 획득 시스템에서 기술 이전 성과 및 내재화 성과 영향 요인", 충남대학교 대학원 무역학과 박사학위논문, 2006. 12.

8. 송건호, "산학 협력을 통한 기술 사업화가 중소 벤처 기업의 경영 성과에 미치는 영향", 건국대학교 대학원 벤처전문기술학과 박사학위논문, 2010. 2.

9. 안재응, "R&D 단계별 기술 이전(도입)이 R&D 성과에 미치는

영향에 관한 연구", 한성대학교 대학원 융합기술학과, 석사학위논문, 2012. 6.

10. 여인국, "기술 이전 성과의 영향 요인 분석을 통한 공공 기술 이전 활성화 전략 연구", 건국대학교 대학원 벤처전문기술학과 박사학위논문, 2009. 2.

11. 윤석철, "벤처 기업의 기술 경쟁력이 시장 지향성과 성과에 미치는 영향에 관한 연구", 동의대학교 대학원 경영학과 박사학위논문, 2003. 2.

12. 오상준, "오픈 이노베이션 성공의 조건", LG주간경제, 2007. 8. 15.

13. 윤병운, "중소기업의 오픈 이노베이션 : 모델, 방법론, 정책을 중심으로", 과학기술정책연구원, 2008. 10.

14. 이길우, "국가 연구 개발 사업 기술 이전·사업화 제고 방안 연구", 한국과학기술기획평가원, 2013. 1.

15. 이윤준, 김선우, "대학·출연(연)의 기술 사업화 활성화 방안", 한국과학기술기획평가원, 2013. 8.

16. 이준재, "공공 연구 기관 특허 기술의 활용 촉진을 위한 제도적 개선 방안 연구", 충남대학교 대학원 특허학과 석사학위논문, 2007. 12.

17. 이도형, "국가 연구 개발 사업화 과정에서의 기술 가치 평가 요인 분석", 건국대학교 대학원 경영학과 박사학위논문, 2009. 10.

18. 임채윤, 이윤준, "기술 이전 성공 요인 분석을 통한 기술 사업화 활성화 방안", 과학기술정책연구원, 2007. 11.

19. 정철용, "지역 기술 사업화 지원 사업의 전략 과제에 관한 연구", 배재대학교 컨설팅대학원 컨설팅학과 석사학위논문, 2012. 12.

20. 조준일, "오픈 이노베이션, 혁신의 동력되려면", LG Business Insight, 2013. 11. 27.

21. 중소기업연구원, "기술 금융 활성화 방안 - 기술 금융 상품을 중심으로-", 중소기업연구원, 2008. 12.

22. 최치호, "출연 기술 이전 및 사업화 촉진 방안", 한국과학기술기획평가원, 2011. 12.

23. 한국과학기술기획평가원, "국가 연구 개발 사업 성과 관리·활용에 대한 조사·분석 및 개선 방안 연구", 교육과학기술부, 2008. 12.

24. 한국산업기술진흥원, "산업 기술 생태계 관점에서 본 기술 이전 사업화의 새로운 패러다임", 2011. 8.

25. 한국산업기술진흥원, "2012년 기술 이전·사업화 조사 분석 자료집 (공공 연구 기관)", 한국산업기술진흥원, 2012. 10.

26. 한국산업기술진흥원, "국내외 중개 연구 현황 및 활성화 방안", 한국산업기술진흥원, 2012. 8.

27. 이원훈, "IT 중소 벤처 기업의 기술 사업화 전략 모델 개발", 건국대학교 대학원 박사학위논문, 2008. 5.

28. 손수정, 이윤준, 정승인, 임채윤, "기술 사업화 촉진을 위한 기술 시장 메커니즘 활성화 방안", 과학기술정책연구원, 2009. 12.

29. 이종일, "유레카의 최근 정책 동향과 우리 기업의 진출 전략",

e-비즈니스연구, 제10권 제4호, 2009. 11. 30.

30. 이기영, "대학의 지적 재산권 기술 이전 활성화 방안", 경북대
    학교 대학원 석사학위논문, 2013. 6.

31. 김영준, "국내외 기술 이전 사업화 통계 현황 및 관리 체계 개선
    방안", 고려대학교 산학협력단, 2013. 9.

32. 이원훈, "IT 중소 벤처 기업의 기술 사업화 전략 모델 개발", 건
    국대학교 대학원 박사학위논문, 2008. 5.

33. 신기훈, "벤처 캐피탈의 보증 역할이 벤처 기업 신규 공모주의
    조가 발행에 미치는 영향", 서울벤처대학원대학교 벤처경영학
    과 박사학위논문, 2014. 1.

34. 정경희. "한국과 일본의 혁신 클러스터 육성 정책에 관한 비교
    연구", 강원대학교 대학원 행정학과 박사학위논문, 2008. 2.

35. 조은설, "우리나라 혁신 클러스터 육성 정책의 다원적 정책 모니터
    링 연구", 강원대학교 대학원 행정학과 박사학위논문, 2014. 2.

36. 전효리, 정성영, "융합 기술 R&D를 위한 개방형 혁신 시스템
    도입 방향", 전자통신동향분석 제25 권 제1 호, 전자통신연구
    원, 2010. 2.

37. 이승준, "방산 기업의 개방형 기술 혁신 적용 방안과 혁신성과
    사례 연구", 고려대학교 대학원 기술경영학과 석사학위논문,
    2013. 1.

PART

IV

기술 사업화
설문 조사

1. 설문 조사 개요

'13년부터 기술 사업화 업무를 수행하면서, 과연 기술 사업화 실태가 어떤 상태인지 늘 궁금했다. 기술 설명회를 하면서 벤처 중소기업인들과 서로 다른 의견을 나눌 수 있었으나, 기술 사업화에 대한 열악한 환경에 대해서는 늘 같은 말만 하게 되었다.

이 글에서는 A연구소의 기술 사업화 추진에 대한 전반적인 현황 조사를 통해 기술 사업화 실태를 파악하고, 기술 사업화 정책 개선 방안을 제시하고자 한다.

「기술 사업화」란 앞에서도 언급한 바와 같이 기술 혁신의 전 주기적 관점에서 개발된 기술의 이전, 거래, 확산과 적용을 통해 부가 가치를 창출하는 제반 활동이라고 정의할 수 있다. 기술 사업화는 기술의 원천에 따라 공공 기술의 사업화와 민간 기술의 사업화로 구분되며, 기술 자원의 획득 이후의 단계는 주로 기업의 활동 영역에 속한다고 볼 수 있다.[42]

기업은 기업의 이윤을 추구하기 위하여 기술을 개발하고, 시장을 창출하는 기술 경영(Management Of Technology) 활동을 수행한다. 미국의

---

42) 박종복(2008), 전게서

[그림 4-1] 기술 사업화 과정에서 기업의 활동 영역

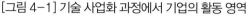

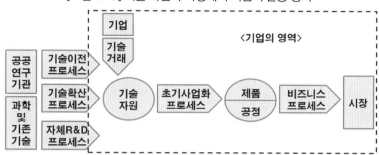

Stanford Research Institute에서는 기술 경영의 목적을 "R&D 투자 비용에 대한 효과를 극대화하는 것"이라고 정의한 바 있다. 아래 [그림 4-2]와 같이 기업의 기술 경영 활동은 기술 개발과 기술 사업화로 분류할 수 있다. 기술 개발의 결과물인 기술 자산을 활용하여 성과를 창출하는 기술 사업화는 '기술 자산 관리'와 '가치 창출'이라는 2가지 요소로 이루어지는데, 기술 기획과 프로젝트 관리로 구성되는 기술 개발과는 구분된다. 기술 자산 관리의 주요 내용은 기술 가치 평가, Ip(Intellectual Property) 포트폴리오 계획, 기술 사업화 전략, 예산 및 자원 배분이며, 가치 창출의 주요 내용은 내부 활용, 벤처 창업, 기술 판매, 인수 합병 및 전략적 제휴 등이다.

기술 사업화의 목표는 '개발된 기술이 다양한 형태의 상업적인 목적으로 활용되어 경제적 이득을 창출하는 단계, 즉 매출 발생에 도달하는 것'이라고 볼 수 있다.

[그림 4-2] 기업에서의 기술 개발 부문과 기술 사업화 부문 간의

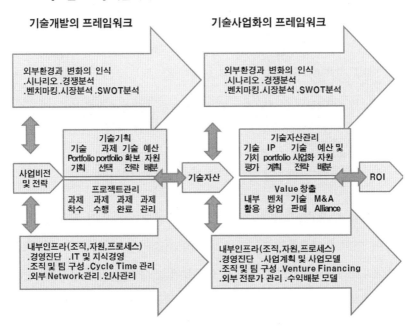

기술 사업화는 새로운 기술을 상업적으로 성공할 수 있는 제품으로 변환시키는 과정이며, 기술 사업화 과정은 시장 조사/평가, 제품 디자인, 제조 및 엔지니어링, 지식 재산권 관리, 마케팅, 자금 조달, 인력 훈련 등까지 포함한다. 기술 사업화는 비용이 많이 소요되고, 긴 시간을 필요로 하며 불확실성이 매우 큰 프로세스이다. 구체적으로 소요되는 비용은 R&D 단계에서 투자된 비용의 10배 내지 100배의 규모에 이르며, 새로운 아이디어 중에서 사업화가 성공적으로 이루어지는 것은 5% 이하로 알려져 있다. 또한, 초기 기술 사업화가 성공하는 경우에도 완전한 기술 사업화를 위해서는 평균 6년 이상이 소요되며, 원천 기술의 경우에는 더욱 장기간이 필요한 것으로 알려져 있다.

아래 [그림 4-3]과 같이 Stevens And Burley(1997)는 신제품 개발 및 특허 관련 문헌과 벤처 캐피탈 리스트의 경험을 토대로 신제품 개발 과정을 7단계로 구분하고 기술 사업화 생존율, 즉 성공률을 도출하였다. 1단계는 원시 아이디어 단계로서 사전 연구나 시장 분석이 이루어지지 않은 상태이다. 2단계는 사업화를 고려할 만한 선별된 아이디어 단계로서 발명 신고가 이루어지고, 시장 조사와 소요 자금의 확보가 시작된다. 3단계는 소규모의 프로젝트 단계로서 소규모 인원이 작업에 투입되고, 특허 등록이 이루어지며 시장 기회 분석이 완료된다. 4단계는 중·대규모의 프로젝트 단계로서 중규모의 인력 내지 기간의 작업량이 투입되고, 특허가 상당한 수준의 가치를 갖게 되며 시장 규모와 니즈(Needs)가 명확해진다. 5단계는 시제품 개발 단계로서 파일럿 플랜트 연구가 이루어지고 제품의 사양이 정의되며, 테스트 마케팅이 실행되고 스케일-업 계획이 수립된다. 6단계는 시장 출시 단계로서 실물 크기의 플랜트가 운영되고, 영업 인력이 양성되며 신제품이 판매된다. 마지막으로 7단계는 상업적 성공 단계로서 플랜트가 양산 체제로 운영되며, 이익이 창출되고, 경쟁 우위가 유지되며 지속적인 개선이 이루어진다. 일반적으로 3,000건의 원시 아이디어(1단계) 중에서 최종적으로 1건만이 상업적으로 성공(7단계)하고 있다고 말한다.

Hammerstedt & Blach(2008)는 Stevens & Burley(1997)와 Conference Board Of Canada(2003)를 토대로 기술 사업화의 단계별 평균 생존율과 소요 비용을 정리하였다([그림 4-4] 참조). 이에 따르면, 4~7단계에서 소요되는 비용(2,110만 달러)은 1~3단계에서 소요되는 비용(342만 달

러)의 6배에 달하는 것으로 추정하고 있다.[43)

[그림 4-3] 기술 사업화 프로젝트의 단계별 평균 생존율

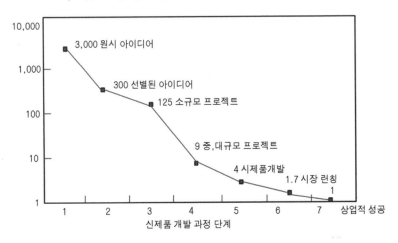

* 자료 : Stevens & Burley(1997)

[그림 4-4] 기술 사업화 프로젝트의 단계별 평균 생존율과 소요 비용

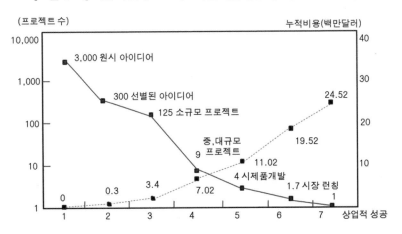

* 자료 : Hammerstedt & Blach(2008)

21세기 기술 사업화

2. 기술 사업화 현황

'94. 7. 15. A연구소에서 최초 실시한 제1 회 기술 설명회로 시작된 국방 기술 민수화 이전 사업은 A연구소가 보유하고 있는 국방 핵심 기술 중 민수 활용이 가능한 기술을 민간 업체에 이전하여 국가 산업 경쟁력을 제고할 목적으로 추진되었다. '13. 5. 22. 대통령이 A연구소를 방문하시어, "자주국방과 경제 발전의 산실"이라는 휘호를 남겨 주심에 따라 기술 사업화는 다시 한번 추진력을 받게 되었다.

국방 기술 민수 사업화를 위한 기술 이전은 아래 [그림 4-5]와 같은 절차로 이루어진다. 기업체가 국방기술거래장터, A연구소의 아이디어 100선, 국방 특허 100선 등을 통해 이전받고자 하는 기술에 대해 기술 이전을 신청하면, A연구소(국방 기술 사업단)은 방위사업청에 기술 이전을 승인 요청하고, 방위사업청이 기술 이전을 승인하면 기술 사업화가 추진된다.

기술 이전의 범위는 A연구소가 연구 개발 과정에서 획득한 기술로 소유권이 연구소에 있는 기술, 사업에 실제 활용하여 검증 또는 확인된 기술로서, 현 상태로 업체에 이전 가능하거나 보안상 유해롭지 않

---

43) 박종복, 조윤애, 이상규, 성열용, 권용관(2011), "민간 부문의 기술 사업화 활성화 방안", 산업연구원, 2011. 2.

은 것으로 판단된 기술이다. 이전 기술은 A연구소 홈페이지뿐만 아니라, 국방기술거래장터, 창조경제타운 등을 통해 쉽게 접할 수 있도록 공개되어 있다. [그림 4-6]은 기술 이전을 받고자 하는 기술을 탐색하는 다양한 과정이다.

[그림 4-5] 기술 이전 절차

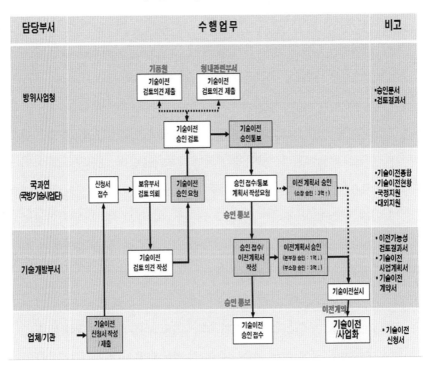

[그림 4-6] 이전 기술 접근 방법

▶A연구소 홈페이지에서 확인
· A연구소 홈페이지(http://www.add.re.kr) → 팝업존(ADD 사이버기술이전 거래소 선택) → 기술 검색 → 요구 기술 확인

21세기 기술 사업화

▶ 국방기술거래장터 홈페이지에서 확인
· 국방기술거래장터 홈페이지 (https://www.dtims.dtaq.re.kr) → A연구소 특허/아이디어 100선 선택 → 기술 검색 → 요구 기술 확인

▶창조경제타운 홈페이지에서 확인
· 창조경제타운 홈페이지(https://www.creativekorea.or.kr) → 기술·특허 공유 선택 → A연구소 선택 → 기술 검색(선택)

또한, A연구소는 [그림 4-7]과 같이 A연구소 보유 기술 중 민수 사업화 가치가 높은 우수한 기술을 사업화하려는 중소/중견 기업에 대한 실질적인 기술 지원을 수행하고 있다.

[그림 4-7] 기술 도우미 제도 소개

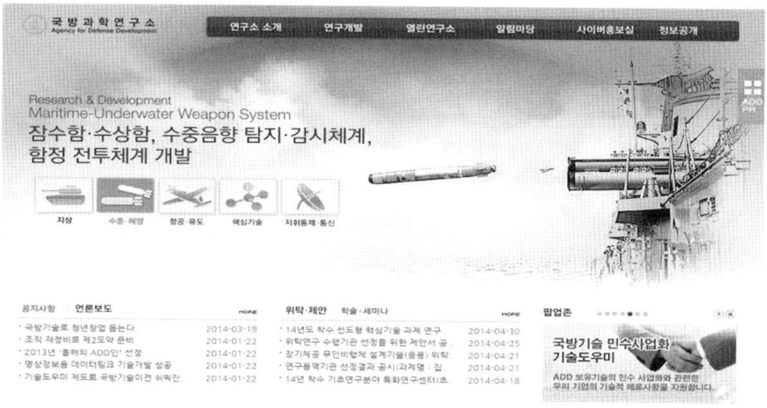

A연구소의 최근 10년간(2004년~2014년) 기술 이전 실적을 살펴보면 아래 〈표 4-1〉과 같다. 접수된 총 409건(의) 중 270건이 계약되어 기술 이전 성공률이 66.0%(270건/409건)로 파악되었으며, 총 270건 중 민수가 170건으로 62.3%, 군수(기술료 미지급 대상)가 100건 37.7%, 발

생된 기술료는 47.2억 원이며, 매출이 발생되어 경상 기술료가 지급된 경우는 5.9%(10건/민수 대상 총170건)이다.

또한, 최근 3년간(2011년~2013년) 기술 이전 계약 건수가 18건 → 35건 → 48건으로 지속적으로 향상되어, 기술 사업화의 기대를 높이고 있다. 그러나 최근 10년간 경상 기술료 발생률은 5.9%로 아직 부족한 실정이다. 이에 기술사업화의 문제점을 파악하고, 대책을 강구할 필요성을 느끼고 있다.

〈표 4-1〉기술 이전 추진 실적

(기준 '14. 06. 10.)

년도	접수	계약	경상 기술건	기술료(천원)	군수	민수
'04	12	13	0	33,387	3	10
'05	23	14	0	96,641	1	13
'06	15	19	0	85,580	5	14
'07	19	22	0	129,467	5	17
'08	32	27	1	420,115	4	23
'09	38	18	1	297,259	7	11
'10	57	35	1	696,155	8	27
'11	34	18	1	430,125	13	5
'12	47	35	3	1,671,246	16	19
'13	90	48	1	419,884	34	14
'14	42	21	2	438,360	4	17
합계	409	270	10	4,718,219	100	170

3. 기술 사업화 설문 조사 결과

가. 기술 사업화 설문 조사 개요

우리나라에서는 기술 사업화를 연구한 선행 사례를 찾아보기가 드물었다. 기술 사업화 실태 및 현황을 객관적으로 분석하여 기술 사업화 과정 중의 문제점과 애로 요인을 파악하고, 기술 사업화 프로젝트의 성공 요인을 도출하기 위해 박종복 등[2011]의 연구를 참고하여, 2014년 4월 11일부터 30일까지 기술 사업화 설문 조사를 실시하였다.

〈표 4-2〉 설문 조사 기관 업종 구분

구분	기존 연구		'14 연구	
	기업 수	비중	기업 수	비중
전자 부품	46	12.6	5	2
우주 항공 및 일반 기계	79	21.6	3	12
정밀 기기	30	8.2	2	8
자동차	34	9.3	1	4
정보 통신 및 방송 기기	62	16.9	6	24
컴퓨터 및 사무 기기			1	4
의약 및 화학	96	26.3		
기타	19	5.1	7	28
총계	366	100	25	100

설문 조사를 위해, 국방 분야 연구 기관인 A연구소와 국방기술품질원이 지난해 9월부터 올해 4월 11일까지 총 4회 실시한 '국방 기술 민수화 및 벤처 기업 기술 발표회'에 참석한 기업 명단 및 A연구소 기술 사업화 상담 참여 기관에 설문을 의뢰, 총 70개 기업에 설문 조사서를 보냈으며, 이 중 25개의 기업으로부터 설문 응답을 받아 35.7%의 회수율을 보였다. 기존의 박종복 등[2011]의 연구["기존 연구"로 표기]는 2011년 7월부터 9월까지 2개월에 거쳐, 1,723개 기관을 대상으로 설문을 의뢰하여, 366개의 유효 표본을 확보한 바 있다. 기존 연구 결과와 비교를 통해 결과를 살펴보면 더 의미 있는 결과를 얻을 수 있다.

금번 설문 조사 결과["'14 연구"로 표기] 응답 기관은 중소기업이 대부분을 차지함에 따라, 정보 통신 및 방송 기기 분야가 24%로 많았으며, 우주 항공 및 일반 기계 분야가 12%, 기타 분야가 28%를 차지하고 있다. 한편, 기업 규모별로는 종사자 수 300인 이상의 대기업이 전체의 12%, 50인 이상부터 300인 미만의 중기업이 24%, 50인 미만의 소기업이 64%로 파악되었다. 매출액 대비 R&D 투자 규모는 응답 기업의 24%가 "0% 이상~3% 이하"라고 응답하였고, 16.0%는 "3% 초과~5% 이하", 24%는 "5% 초과~10% 이하", 4%는 "10% 초과~15% 이하"라고 응답했으며, "15% 초과"라고 응답한 기업도 28.0%나 되어, 상당수의 기업들이 R&D 투자에 적극적이라는 긍정적인 결과를 볼 수 있었다. 기술 경영 전담 부서를 설치한 기업은 19개 기업(76%)으로 조사되어 기존 연구와 유사한 결과를 보였다.

<표 4-3> 설문 조사 기관 종사자 수 구분

구분	기존 연구		'14 연구	
	기업 수	비중	기업 수	비중
50인 미만	166	45.4	16	64.0
50인 초과 300인 미만	126	34.4	6	24.0
300인 이상	74	20.2	3	12.0

<표 4-4> 설문 조사 기관 R&D 투자 규모(매출액 대비)

매출액 대비 R&D 투자	기존 연구		'14 연구	
	기업 수	비중	기업 수	비중
0% 이상 3% 이하	83	24.2	6	24.0
3% 초과 5% 이하	65	19.0	4	16.0
5% 초과 10% 이하	88	25.7	6	24.0
10% 초과 15% 이하	28	8.2	1	4.0
15% 초과	79	23.0	7	28.0
무응답	23	6.3	1	4.0
기술 경영 전담 부서 설치 여부	기존 연구		'14 연구	
	기업 수	비중	기업 수	비중
기술 경영 전담 부서 설치	277	75.7	19	76.0
기술 경영 전담 부서 미설치	89	24.3	6	24.0

개별 프로젝트를 중심으로 성공 및 실패 사례 조사 결과 24건의 응답이 조사되었으며 그 중 20건(83.3%)이 성공한 것으로 나타나 중단한 경우는 17.0%에 지나지 않는 것으로 파악되었다. 그러나 이 수치는

기업이 중단된 프로젝트에 대해 실패한 경우로 인정하지 않거나 외부에 실패를 공개하기를 꺼리는 경향이 크게 작용한 것으로 해석될 수 있다.

〈표 4-5〉 프로젝트 성공, 중단/실패

성공 여부	기존 연구		'14 연구	
	프로젝트 수	비중	프로젝트 수	비중
성공	357	72.0	20	83.3
중단/실패	139	28.0	4	17.0
총계	496	100	24	100.0

나. 기술 사업화 비율 및 단계별 특징

「기술 사업화」란 제품 및 공정 개발에 적용 가능한 기술이 개발·완료되어 출시 제품이 제작·완료되기까지를 의미한다. 따라서 기술이 사업화되는 비율은 특정 용도로 개발된 기술 중에서 얼마나 시제품으로 제작되고 다시 출시 제품으로 제작되었는지, 즉 생존율로 측정할 수 있다. 기술 사업화 비율은 기존 연구의 경우 6.8%로 파악되었으나, 금번 연구에서 7.9%로 조사되었다. 우리가 관심을 가져야 할 부분은 기존 연구 시 외국의 사례라고 참조치를 제시하였다. 외국의 사례 참조치는 1.36%이다.

<표 4-6> 기술 사업화 비율

구분	기초연구	⇨	응용연구	⇨	시제품제작	⇨	출시제품제작	⇨	시장개척및확장	전단계
기존연구	41.5		30.9		46.1		47.5			6.8
'14연구	44.7		29.8		48.8		54.5			7.9
외국사례	41.7		7.2		44.4		42.5			1.36

<표 4-7> 기술 사업화 단계별 생존율

구분		기초연구	응용연구	시제품제작	출시제품제작	계
기존연구	착수 단계-출시	3.4	9.0	16.5	71.1	100
	착수 단계-중단	62.6	28.0	7.2	2.2	100
	중단 단계-중단	2.2	36.7	43.8	17.3	100
'14연구	착수 단계-출시	8.3	12.5	37.5	41.7	100
	착수 단계-중단		66.7	33.3		100
	중단 단계-중단		25	25	50	100

우리나라 기업에서의 기술 사업화는 단계별로 다음과 같은 특징을 가지고 있다. 첫째, 기술 사업화가 진행될수록 단계별로 생존율이 높아진다. 기술 사업화 단계 중에서 생존율이 가장 낮은 단계는 응용

(특정 용도) 연구의 결과가 시제품 제작으로 넘어가는 단계로 29.8%이다. 그 이후 단계부터는 생존율이 점차 높아져 일단 제작 완료된 출시 제품 중 54.5%가 시장에 출하되는 것으로 나타났다.(기존 연구의 경우에서도 단계별 생존율이 높아지는 경향은 동일하다.)

둘째, 국내 기술 사업화는 출시 제품 제작 단계에서 시작되는 경향이 강하다. 〈표 4-7〉의 기업의 기술 사업화 착수 시점을 살펴보면, 착수하여 출시까지 성공한 경우 출시 제품 제작 단계가 41.7%로 대부분을 차지하고 있다. 기존 연구의 경우, 71.1%로 훨씬 더 높은 비율을 차지하고 있었다.

셋째, 일반적으로 기술 사업화가 진행될수록 수행 기간은 점점 짧아지고, 소요 비용은 커지는 경향이 있다고 알려져 있다. 기술 사업화 수행 기간은 평균 19.2개월로 파악되었는데 응용 연구, 시제품 제작, 출시 제품 제작 기간이 유사한 것으로 파악되었다. 그 이유는 중소기업이 대부분이라, 대기업과 같이 혁신적인 새로운 분야에 진입하기 위한 원천 기초 연구, 응용 연구 등이 적은 이유로 추정된다. 기존 연구보다 기간이 짧은 것도 조사 대상 기업 중 중소기업이 대부분이고, 시장 요구에 따라 시간이 지나면서 계속 수행 기간이 짧아지는 경향 때문으로 파악된다.

기술 사업화에 소요되는 비용은 기술 획득에 드는 비용을 기준으로 할 때, 응용 연구 단계 8.1배, 시제품 제작 단계 11.2배, 출시 제품 제작 단계 17.4배로 기술 사업화가 진행될수록 점점 커져, 전체 기술 사업화에 소요되는 비용은(기존 연구에서는 24배가량이었으나) 기술 획득 비용 대비 약 37배 정도인 것으로 나타났다. 우리가 관심을 가져야 할 부분은 기존 연구 시 외국의 사례라고 참조치를 제시하였다. 외국의 사례 참조치는 35.7배로 금번 조사 결과와 대동소이하다.

〈표 4-8〉 기술 사업화 수행 기간

(단위 : 개월, %)

구분	기존 연구	'14 연구
응용 연구	12.8 (39.4)	6.1 (31.9)
시제품 제작	10.1 (31.1)	6.7 (35.5)
출시 제품 제작	9.6 (29.5)	6.4 (33.6)
총사업화 수행 기간	32.4 (100)	19.2 (100)

〈표 4-9〉 기술 획득 비용 대비 기술 사업화 소요 비용

(단위 : 배)

구분	기존 연구	'14 연구	참조치
응용 연구	7.1	8.1	10.4
시제품 제작	7.6	11.2	12
출시 제품 제작	8.9	17.4	13.3
총사업화 소요 비용	23.6	36.7	35.7

넷째, 기술 사업화 단계 중 시제품 제작 단계에서 애로 요인이 가장 많은 것으로 나타났다. 기술 사업화가 진행되면서 많은 난관에 부딪히게 되는데 조사 대상 기업의 33.3%가 기술 사업화 단계 중에서 애로 요인이 가장 많은 단계는 "시제품 제작 단계"라고 응답하였다. 기존 연구

에서 '응용 연구'가 42.7%를 차지한 것과(결과와) 큰 차이가 나는 결과이다. 그 이유는 〈표 4-3〉에서와 같이 기존 연구의 경우, 대기업(종사자 수 300명 이상)이 20.2%로 대기업은 원천 기초 연구부터 착수하여 응용 연구 단계에서 죽음의 계곡을 만날 확률이 높기 때문으로 추정된다.

〈표 4-10〉 애로 요인이 많은 기술 사업화 단계

(단위 : %)

구분	기존 연구	'14 연구
응용 연구	42.7	20.8
시제품 제작	26.8	33.3
출시 제품 제작	30.4	24.9
계	100	100

국내 기업이 기술 사업화를 중단하는 이유로 많이 지적한 것은 기존 연구와 같이 '기술 개발 실패 또는 높은 위험 부담', '시장 수요의 부족', '자금 부족' 등인 것으로 나타났다. 결국 기술 사업화 성공을 위해서는 이러한 3가지 문제를 해결해야 한다는 결론을 유추할 수 있다.

〈표 4-11〉 국내 기업의 기술 사업화 중단 사유

(단위 : %)

구분	기존 연구	'14 연구
기술 개발 실패 또는 위험 부담이 높음	61.7	21.1
시장 수요가 없거나 작음	55.0	22.8
자금 부족	42.6	22.8

마케팅 역량의 부족	39.7	10.5
개발된 제품의 낮은 경쟁력	38.3	12.3
회사의 기술 사업화 우선순위 변경	25.5	5.3
기술 사업화 이외의 다른 개발 목표의 달성	14.2	3.5
핵심 연구 인력의 이직	13.8	1.7
다른 기업에 기술 이전	8.5	0
기타	1.1	0

국내 기업은 설문 조사 결과 응답 기업의 63%가 자체 개발, 7.4%가 공동 개발, 위탁 개발로 기술을 획득하는 것으로 나타났다. 한편, 기술 획득 방식으로 라이센스 구매가 14.8%로 조사되었다. 오픈 이노베이션이 추세인 최근의 경향을 비추어, 공동 개발 및 라이센스 구매 등 생존력을 높이기 위하여 외부로부터 기술 도입을 확대해야 할 것으로 판단된다.

〈표 4-12〉 기술 사업화 대상 기술의 획득 방식별 비중

(단위 : %)

구분	자체 개발	공동 개발	외부로부터 도입			
			위탁 개발	라이센스 구매	조인트 벤처	M&A
기존 연구	80.4	37.3	15.1	3.1	0.8	0.8
'14 연구	63.0	7.4	7.4	14.8	3.7	3.7

다양한 방식으로 획득한 기술이 사업화 성공 여부에 관계없이 실제로 활용되는 비율은 〈표 4-13〉과 같다. 즉, 자체 개발로 획득한

기술의 경우는 73.9%가 활용되고 있고, 공동 개발로 획득한 기술
은 21.0%가 활용되는 등 기술 개발에 직간접적으로 참여할 경우 활
용률이 높게 나타났다. 반면, 외부로부터 도입한 기술, 예컨대 위
탁 개발로 획득한 기술은 16.0%, 라이센스 구매로 획득한 기술은
27.8%, 조인트 벤처 등으로 획득한 기술은 6.7%가 활용되고 있다.
〈표 4-14〉와 같이 획득한 사업화 대상 기술은 대부분 자사의 제품
및 공정 개발에 활용되고 있는 것으로 나타났다(41.5%). 이외에 자
사가 활용하면서 타사에 라이센스를 주거나(18.4%), 특허 침해 소
송 대비 등을 위해 전략적으로 활용하거나 보유(11.2%)하는 등의 용
도로 활용되고 있다. 그러나 획득 기술 미활용률이 22.1%로 획득한
기술 상당수가 사장되는 현실은 기술 사업화의 가장 어두운 면이 아
닌가 생각된다.

〈표 4-13〉 기술 획득 방식별 사업화 활용률

(단위 : %)

구분	자체 개발로 획득한 기술	공동 개발로 획득한 기술	외부로부터 도입			
			위탁 개발로 획득한 기술	라이센스 구매로 획득한 기술	조인트 벤처로 획득한 기술	M&A로 획득한 기술
기존 연구	81.0	64.1	56.1	61.2	51.5	93.3
'14 연구	73.9	21.0	16.0	27.8	6.7	6.3

<표 4-14> 획득 기술의 용도

(단위 : %)

구분	제품 및 공정 개발에 활용	자사 활용 및 타사에 라이선스	타사에 라이선스 또는 매각	전략적 활용/ 보유	미활용	계
기존 연구	87.6	4.9	0.6	3.8	3.1	100
'14 연구	41.5	18.4	6.8	11.2	22.1	100

다. 기술 사업화 추진 역량 조사

기업이 성공적으로 기술 사업화를 추진하기 위해서는 최고 경영진의 의사 결정, 필요 기술, 소요 자금, 전문 인력, 관련 정보, 협력 관계 등 관련 제도 및 인프라를 충분히 확보하여야 한다. 이 중 어느 하나라도 부족할 시에는 기술 사업화가 성공하기 힘들다. 국내 기업의 기술 사업화 추진 역량 보유 수준을 살펴보면, 전반적으로 평균 3점(5점 만점)을 넘어 보통 이상인 것으로 나타났다. 최고 경영진의 추진 의지는 4.36으로 다른 조사 항목보다 월등하지만, 전문 인력, 소요 자금, 시장 정보 등은 3점 미만으로 다소 부족한 것으로 조사되었다.

많은 국내 기업들이 다양한 방식으로 외부로부터 자금을 조달할 수 있다. 그러나 <표 4-11>에서와 같이 국내 기업의 기술 사업화 중단사유 중 하나가 "자금부족"이다. <표 4-16>을 보면 정책 자금을 제외한 벤처 캐피탈, 민간 합동 투자금, 민간 기관 투자금, 개인 투자(엔젤) 등의 자금 조달 방식은 매우 미미한 것으로 나타났다.

〈표 4-15〉 국내 기업의 기술 사업화 추진 역량

(단위 : %)

구 분	기존 연구	'14 연구
최고 경영진의 추진 의지	4.15	4.36
필요 기술(기술 사업화의 핵심 기술 확보 등)	3.52	3.48
소요 자금(추가 개발, 소재, 설비 비용 등)	3.13	2.44
기술 개발 부문 인력	3.11	2.96
기술 경영 부문 인력	3.04	2.96
사업, 시장 정보(소비자 니즈, 경쟁 업체 등 관련 정보)	3.31	2.92
외부에서 기술을 도입한 경우 파트너와의 지속적인 협조 관계	3.29	3.45

〈표 4-16〉 국내 기업의 기술 사업화 단계별 자금 조달원 비중

(단위 : %)

구분		사내 자금	정책 자금	민관 합동 투자금	벤처 캐피탈	민간 기관 투자금	개인 투자금	관련 없음
기존 연구	기초 연구	89.1	61.4	0.3	2.2	0.5	1.1	0.8
	응용 연구	85.2	64.2	0.0	1.6	1.1	0.8	0.8
	시제품 제작	86.9	52.4	0.0	1.4	1.1	0.5	1.1
	출시 제품 제작	92.3	32.2	0.3	2.7	1.9	1.1	1.6

'14 연구	기초 연구	53.1	43.8			3.1	
	응용 연구	42.4	60.6			3.0	
	시제품 제작	36.4	51.5	6.1	3.0	3.0	
	출시 제품 제작	43.8	34.4	3.1	6.2	12.5	

중소기업의 경우, 기술 사업화를 위한 정부 지원은 기업의 생사를 결정할 수 있을 만큼 중요한 일이다. 기업들이 만약 정부 지원이 없었다고 해도, 기술 사업화를 착수하였을 확률은 50% 수준으로(기존 연구 51.1%, '14 연구 52.6%) 파악되었으며, 또한 80% 정도가 정부 지원이 없었다면 기술 사업화 소요 기간이 늘어났을 것으로 예상되었다.(기존 연구 77.6%, '14 연구 81.3%) 결국 정부 지원이 없다면 기업의 기술 사업화 착수 확률은 현재의 50% 수준으로 판단되며, 기간은 지금보다 더 많은 시간이 소요될 것으로 판단되어 기술 사업화 정책에서 자금 지원이 차지하는 비중이 얼마나 큰가를 가늠할 수 있다.

〈표 4-17〉 기술 사업화 추진의 정부 지원 영향

(단위 : %)

구분		기존 연구	'14 연구
기술 사업화 착수 여부	확실하게 착수하였을 것이다	11.0	15.8
	착수하였을 가능성이 크다	40.1	36.8
	불확실하다	33.5	10.5
	착수하지 않았을 가능성이 크다	12.9	36.9
	확실하게 착수하지 않았을 것이다	2.6	–
	계	100	100

기술 사업화 범위	범위가 확대되었을 것이다	2.9	
	비슷하였을 것이다	47.4	38.9
	범위가 축소되었을 것이다	49.6	61.1
	계	100	
기술 사업화 소요 기간	소요 기간이 늘어났을 것이다	77.6	81.3
	소요 기간이 비슷하였을 것이다	19.5	18.7
	소요 기간이 단축되었을 것이다	2.9	
	계	100	100

라. 국가 연구 개발 사업을 통한 기술 사업화 조사

2008년 6월부터 12월까지 조사된 '국가 연구 개발 사업 성과 관리 · 활용에 대한 조사 · 분석 및 개선 방안 연구' 보고서를 인용하여 기술 사업화 요인을 분석하였다. 즉, '기존 연구'라고 표기된 조사 연구는 '국가 연구 개발 사업 성과 관리 · 활용' 보고서이다. 기존 조사에서는 한국대학기술이전협회 회원으로 등록된 직원 및 기술 이전 담당자 270명을 대상으로 하였으며, 146명이 응답하여 54.1%의 응답률을 보였다.[44]

---

44) 한국과학기술기획평가원, "국가 연구 개발 사업 성과 관리 · 활용에 대한 조사 · 분석 및 개선 방안 연구", 2008. 12.(46~79page)

<표 4-18> 기술 이전 · 사업화에 중요한 요인

(단위 : %)

구분	기존 연구	'14 연구
정부의 시장 보호 정책	1.8	13.4
정부의 원활한 자금 지원	13.7	28.9
발명자에 대한 금전적 인센티브 강화	21.7	–
대학의 적극적인 지원	4.4	12.0
기술 이전 전담 조직의 전문성 향상	7.5	2.8
연구자와 기술 이전 전담 조직 간의 친밀한 네트워킹	7.1	5.6
시장 수요에 대한 정확한 네트워킹	6.2	14.1
연구자와 기업 간의 네트워킹	10.2	3.5
연구 인력의 확보	10.2	4.2
정부, 기업, 기술 이전 조직, 연구자 간의 목표와 분화의 공유	9.3	2.8
기업의 역량	6.2	7.8
지역적 네트워크 구축	–	1.4
기술 이전·사업화 실적의 개인 평가 연계	0.4	1.4
기타	1.3	2.1
합계	100.0	100.0

<표 4-19> 정부 지원에 대한 인식

(단위 : %)

구분	기존 연구	'14 연구
정부 기술 이전이나 사업화 지원이 체계적임	3.29	2.68
정부의 연구비 지원이 충분함	3.34	3.56
사업화 시 정부의 사업화 자금은 충분함	3.56	3.65
정부의 R&D 정책은 신뢰할 만함	3.01	2.64

기술 평가 기관은 신뢰할 만함	3.21	2.68
창업이나 기술 이전 시 절차 간편	3.29	2.84
창업이나 기술 이전 초기에 제품 판로 확보에 고전함	2.25	1.88

〈표 4-20〉시장, 기업과의 연계에 대한 인식

(단위 : %)

구분	기존 연구	'14 연구
시장 수요를 반영하면 기술 이전 사업화에 도움	1.63	1.52
기초 과학은 시장의 요구에 직접적으로 도움이 되지 않음	3.72	3.20
기존 과학 기술과 연계가 중요	1.87	2.40
대학, 출연(연)과 기업의 연계가 중요	1.62	2.36
대학, 출연(연)과 기업의 문화 공유의 장이 필요	1.65	2.28

4. 소결론

본 연구에서는 최근의 기술 사업화 현황을 통해 개선 방안을 찾고자 노력했다. 그러나 기술 사업화 개선 방안을 수립하기 위한 충분한 조사 표본 확보가 부족했다고 생각한다. 70개 업체에 대한 설문 조사를 의뢰했고, 그중 25개 업체가 설문에 응답하여 25개의 응답을 가지고 결론을 도출하는 데 무리가 있으며, 향후 보완이 필요하다고 생각한다.

하지만 기업 사업화 중단 사유를 분석하여, 기술 개발 실패 또는 위험 부담, 시장 수요 부족, 자금 부족 등의 문제를 해결 대상으로 파악했다. 또한, 기술 사업화 생존율이 7.9% 수준임을 파악했고, 기술 획득 비용 대비 기술 사업화 소요 비용이 37배에 달한다는 사실을 설문 조사를 통해 알 수 있었다. 기술 사업화까지 최초 기술 획득 비용의 40배가 소요된다면 근본적으로 국가 연구 개발 사업 성과 확산 예산이 이에 상응하는 수준으로 수립되어야 한다고 생각한다.

미국의 경우, 1980년 제정된 Steven-Wydler Technology Innovation Act에 따라 R&D 예산의 0.5% 이상을 기술 이전에 투입하고 있다. 그러나 우리나라는 기술 이전, 사업화가 기초 연구, 응용 연구, 시험 개발, 체계 개발 등 연구 개발의 궤도와는 벗어나 있으며, 연구 개발의 범주에 포함되어 있지 못한 실정이다.

[그림 4-8] 연구개발 사업화 프로세스

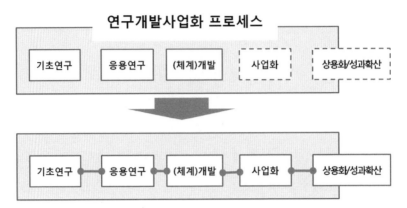

우리나라도 연구 개발과 단절된 사업화를 하나의 연결된 시스템으로 연계하여 기초 연구, 응용 연구, 체계 개발, 사업화, 성과 확산으로 연계 추진되고, 연구 개발자가 사업화, 성과 확산까지 책임지고 전념할 수 있는 프로세스로 개선된다면, 기술 사업화의 성과가 여기 저기에서 빛을 발휘할 수 있을 것이다.

참고 문헌

1. 김선주, "공공 연구 기관의 기술 이전 사업화 영향 요인에 관한 연구 : 전자 부품 산업을 중심으로", 한양대학교기술경영전문대학원 석사학위논문, 2013. 2.
2. 김혜민, "기술 사업화 정책 방향의 변화 예측에 관한 연구 :

AHP(계층 분석적 의사 결정 방법) 분석 기법의 적용", 서울대학교 대학원 행정학과 석사박사학위논문. 2012.8.

3. 전승민 기자, "국방 기술 민간 이전 창조 경제 견인차", 동아일보 A10면 기사, 2014. 1. 28.

4. 박종복, "한국 기술 사업화의 실태와 발전 과제 – 공공 기술을 중심으로 – ", 산업연구원, 2008. 2.

5. 박종복, 조윤애, 이상규, 성열용, 권용관(2011), "민간 부문의 기술 사업화 활성화 방안", 산업연구원, 2011. 2.

6. 배용국, "국가 R&D와 기술 및 사업화에 관한 연구", 대전대학교 대학원 무역통상학과 박사학위논문, 2012. 12.

7. 시창수, "중소기업의 기술 사업화 역량이 경영 성과에 미치는 영향", 가천대학교 경영대학원 중소기업경영학과 석사학위논문, 2011. 12.

8. 이길우, "국가 연구 개발 사업 기술 이전 · 사업화 제고 방안 연구", 한국과학기술기획평가원, 2013. 1.

9. 이윤준, 김선우, "대학 · 출연(연)의 기술 사업화 활성화 방안", 한국과학기술기획평가원, 2013. 8.

10. 임채윤, 이윤준, "기술 이전 성공 요인 분석을 통한 기술 사업화 활성화 방안", 과학기술정책연구원, 2007. 11.

11. 최치호, 출연, "기술 이전 및 사업화 촉진 방안", 한국과학기술기획평가원, 2011. 12.

12. 한국과학기술기획평가원, "국가연구개발 사업성과관리 · 활용에 대한 조사 · 분석 및 개선방안 연구", 2008.12.